건강한 약차
향긋한 꽃차

오늘도 차를 마십니다

#healthy tea #flower tea

김달래 감수

따뜻한 차 한 잔,
일상 속 건강을 지키는 좋은 습관이 됩니다

누구나 건강하기 위해 좋은 음식을 찾고, 영양제를 꼬박꼬박 챙기고, 운동도 열심히 하려고 애쓰며 살죠. 하지만 내가 하루에 먹는 것들을 곰곰이 생각해봅니다. 쓰디쓴 커피를 하루 종일 달고 살고, 기운 떨어질 때마다 단 것을 찾습니다. 바쁘다는 핑계로 인스턴트 식품으로 끼니를 때우고, 여유가 있을 때는 폭식으로 스트레스를 풀고요. 몸은 건강할 때 돌봐야 한다는데, 이렇게 아무거나 먹고도 잘 사는 거 보면 아직 건강하기 때문일까요? 일단 병에 걸린 후에는 아무리 좋은 약을 써도 건강을 되찾기 어렵잖아요. 건강하지 않은 먹거리, 건강하지 않은 생활 습관으로 몸이 보내는 경고를 계속 무시하다가는 병이 찾아온 뒤에 후회하게 됩니다.

그래서일까요. 요즘 차에 대한 관심이 높아요. 차를 끓이는 재료에 대한 정보도 많고, 온라인으로 쉽게 살 수도 있어요. 하루 한 잔씩 손쉽게 마실 수 있는 티백 제품도 많이 나와 있습니다. 차를 쉽게 접할 수 있게 된 만큼 커피 대신 차를 들고 다니며 마시는 사람들도 많아졌죠.

차를 마시면 심신이 안정되고 체온이 상승합니다. 몸이 긴장에서 벗어나고 혈관이 정화될 뿐 아니라 꾸준히 마시면 암과 면역계, 신경계, 소화기와 호흡기 질환 등을 예방할 수 있어요. 그래서 요즘은 한방차, 건강차 대신 약차(藥茶)라는 말이 많이 쓰이나 봐요.

여기 내 몸은 물론 우리 가족 모두의 건강을 위한 약차 40가지, 꽃차 20가지를 소개합니다. 약차라고 하면 왠지 맛이 쓸 것 같다는 생각이 들기도 하는데, 아니에요. 구수한 맛, 향긋한 맛, 새콤한 맛, 부드러운 맛 등 다양합니다. 조금 쓴맛이 나는 약재는 대추나 생강, 꿀을 넣어 먹기 좋게 만들 수도 있어요.

내가 먹은 음식이 결국 내 몸이 되는 것처럼 내 몸에 맞는 차를 선택해서 즐기는 것은 일상 속에서 건강을 지키는 좋은 습관이 됩니다. 오늘부터 내 몸에 맞는 차 한 잔 만들어 마시면 어떨까요?

C O N T E N T S

내 몸을 건강하게 하는 약차

눈, 코, 입으로 세번 즐기는 꽃차

PART

1

TEA STORY

맛있고 몸에 좋은
차 이야기

01

생수를
마실까요,

차를
마실까요?

우리 몸은 물을 좋아한다

우리 몸은 대부분 물로 이루어져있고 물이 몸에 좋다는 건 누구나 아는 사실이다. 하루 2L 이상의 수분을 섭취해야 한다고 알려진 후, 건강에 관심이 많은 이들은 매일매일 물 마시기에 여념이 없다. 물론 여기서 말하는 수분이 하루 동안 마시는 순수한 물의 양만을 의미하지는 않는다. 식사를 통해 먹게 되는 채소, 과일을 비롯해 음료, 차 등 모든 음식에 포함된 수분을 전부 합한 것이다. 음식 속의 수분만으로는 충분치 않기 때문에 건강을 위해 충분한 수분 섭취가 중요한 것이다. 매일 적당량의 물을 마시는 습관이 건강한 몸을 만들고 유지하는 데 기본이 되는 것은 분명하다.

물을 건강하게 마시는 방법이 있다

물을 무조건 많이 마신다고 좋은 것은 아니다. 신진대사가 좋지 않은 사람이나 몸의 순환이 원활하지 않은 노인들은 물을 너무 많이 마시면 소화 장애를 일으킬 수 있다. 건강한 사람이라도 하루에 2L를 마셔야겠다는 생각으로 한 번에 갑자기 많은 양을 마시면 오히려 장기에 부담을 줄 수 있으므로 천천히, 자주 마시도록 한다. 식사 도중에 물을 마시는 것도 좋지 않다. 식사 중의 빈번한 물 섭취는 소화액을 희석시켜 소화에 도움이 되지 않는다. 식후 30분이 지나서 물을 마시는 것이 좋다.

물보다 차가 더 좋을까?

그렇다면 물 대신 차를 마시면 어떨까? 생수와 차 중 어떤 게 더 몸에 좋은 물이라고 단정 지어 말하기는 어렵다. 생수는 각종 미네랄을 함유하고 있으므로 물을 통해 미네랄을 섭취할 수 있다는 장점이 있다. 하지만 하루 8잔의 생수를 마시는 건 쉽지 않은 일이다.

카페인이 없고 내 체질에 맞는 곡물이나 약재로 끓인 차를 물 대신 마시는 것도 수분을 섭취하는 좋은 방법이 된다. 한방차, 곡물차 등의 생활차는 무기질, 섬유질 등이 풍부하다. 또한 끓이는 재료에 따라 각종 질환을 예방하고 완화시키며 심지어 암까지도 예방할 수 있다. 매일 수시로 마시는 차는 내 몸에 좀 더 좋은 기능을 갖춘 물을 섭취하는 것이라고 할 수 있다.

차를 마시면 건강해져요

**추울 땐 몸을 따뜻하게 하고,
더울 땐 속열을 식혀준다**

차를 매일 마시면 내 몸 어디에 좋을까? 먼저 체온을 조절해준다. 사람은 혈액에 의해 체온이 일정하게 유지되는 항온동물이다. 추운 겨울, 몸이 냉해졌을 때 따뜻한 물을 마시고 싶은 것은 자연스러운 반응이다. 물만 끓여서 마시는 것도 좋겠지만, 따뜻한 성질의 약재나 곡물을 넣고 끓여 마신다면 훨씬 효과적일 것이다. 반면 열이 나고

더운 여름, 얼음물을 계속 들이키고 싶을 때 시원한 성질을 가진 약재나 곡물로 냉차를 끓여 마시면 찬물만으로는 좀처럼 해소되지 않는 속열을 효과적으로 식혀준다.

몸속 노폐물을 없애고 면역력을 높여준다

혈액순환이 원활하지 않으면 노폐물을 배출하지 못해 몸에 노폐물이 쌓이고, 이는 만병의 근원이 된다. 신체에 무리를 주지 않으면서 혈액순

환을 좋게 하는 방법이 바로 몸에 좋은 물을 꾸준히 마시는 것이다. 노폐물을 배출하고 혈관을 깨끗하게 해 염증이나 성인병 등이 없어지면 자연스럽게 몸이 건강해진다. 또한 차를 마시면 몸이 따뜻해지므로 이것만으로도 면역력이 높아진다. 꾸준히 마시면 노화 속도를 늦추고 건강을 지속시킬 수 있으며, 노화와 더불어 생길 수 있는 허약, 피부 노화, 탈모, 관절통 등에도 효과가 있다.

나를 위한 맞춤 보약이 된다

차는 종류가 다양한 만큼 선택의 폭이 넓다. 맛도 선택할 수 있고 재료의 효능도 다 다르므로 개인의 입맛과 체질, 건강상태에 맞는 재료를 골라서 끓여 마실 수 있다. 차의 재료인 약초와 곡물은 천연물이기 때문에 부작용이 적고 항산화, 항암 및 항염증 작용, 심혈관질환의 예방, 신진대사 촉진, 체질 개선, 비타민과 무기질 보급, 면역력 증진, 미백과 주름 개선 등 효능이 다양하다. 특히 다이어트, 피부미용 효과가 탁월한데, 이뇨작용을 도와 부기를 빼고 불필요한 수분이나 노폐물을 배출하기 때문이다. 혈압을 낮추고 지방을 분해해 비만인 사람에게 특히 효과가 있다.

차의 효능

●●● 피로 해소, 감기 예방에 좋다	차에는 비타민 C가 많이 들어있다. 비타민 C는 체질을 개선해 피로를 풀고 감기에 대한 저항력을 길러준다. 차에 함유된 카테킨 또한 바이러스를 약화시켜 감기를 예방한다.
●●● 다이어트, 피부미용 효과가 탁월하다	다이어트는 물론 미용 효과가 커서 여성들에게 특히 좋다. 풍부한 비타민 C가 기미, 주근깨와 거친 피부를 개선하고 신진대사와 혈액순환을 원활하게 해 피부에 탄력을 준다. 그뿐만 아니라 이뇨작용을 도와 부기를 빼고 불필요한 수분이나 노폐물을 배출하며, 혈압을 낮추고 지방을 분해해 비만인 사람에게 특히 효과가 있다.
●●● 기운을 북돋운다	강장, 강정 효과가 뛰어나 몸을 튼튼하게 하고 기운을 북돋운다. 체질적으로 허약하거나 야근, 밤샘이 잦은 사람에게 활력을 주고 몸과 마음을 상쾌하게 한다.
●●● 머리를 맑게 하고 스트레스를 풀어준다	심신을 안정시키고 피로를 푸는 효과가 뛰어나다. 차에서 우러나는 은은한 향이 긴장을 풀어주고 머리를 맑게 하며 스트레스에 대한 저항력을 길러주기 때문이다. 특히 집중력과 기억력을 높이므로 수험생이나 머리를 많이 쓰는 직업을 가진 사람에게 큰 도움이 된다.
●●● 몸속 유해 성분을 제거한다	차의 타닌 성분이 식중독의 원인균을 제거하고 죽은 박테리아뿐 아니라 음식이나 술, 담배 등으로 인해 발생하는 중금속과 유해물질을 소변으로 배출한다. 특히 시고 떫은맛을 내는 강력한 살균 성분이 위산을 자극해 위 속의 해로운 균을 없애므로 배탈, 설사를 예방하는 효과가 있다.

03

체질에 따라 골라 마셔요

내 몸에 맞는 차가 따로 있다

차의 재료가 되는 식물의 뿌리, 줄기, 잎, 꽃, 열매는 신체의 약한 부분은 보강하고
강한 부분은 가라앉혀 몸의 균형을 되찾아준다. 각각의 특징을 살펴보면, 꽃에는
향기 성분과 색깔 성분이 풍부하고, 열매에는 뛰어난 맛 성분과 다양한 미네랄 등
의 유효 성분이 들어있다. 씨앗에는 기름 성분과 강력한 에너지가 함유되어있지
만 일부 유독 성분도 포함되어있고, 뿌리와 줄기는 목질화된 부분보다 껍질을 약
재나 차로 사용한다. 잎은 엽록소 등의 플라보노이드가 풍부해 다양한 약효가 있
다. 이런 특성을 잘 이해하고 자신이 어느 체질에 속하는지 파악한 후 그에 맞는
차를 꾸준히 마신다.

태양인에게 좋은 차

태양인은 화가 많은 체질로 가슴 답답함을 느끼고 더위를 많이 타며 에너지를 많이 소모하는 다혈질 성격이 많다. 이들은 땀이 많고 염증이 쉽게 생긴다. 맑은 성질을 지닌 가시오가피차, 솔잎차, 모과차, 감잎차 등을 마시면 좋다. 태양인이 차를 마시고 소변을 잘 내보내면 건강에 이롭다.

태음인에게 좋은 차

태음인은 비만이 되기 쉬운 체질로 혈압이 높고, 당뇨병이나 동맥경화 등 각종 성인병 발병률이 다른 체질에 비해 월등히 높다. 습 체질이라고도 하는데 평소 몸이 쉽게 붓고 무거워 움직임이 둔하며 피로감, 나른함을 잘 느낀다. 습과 담, 열을 제거하는 녹차, 귤껍질차, 도라지차, 작두콩차, 맥문동차, 율무차, 현미차, 국화차, 연잎차, 오디차, 오미자차, 칡차 등을 마시면 좋다.

소양인에게 좋은 차

소양인은 열이 많고 성격이 급한 체질로 신장염, 방광염, 요도염에 잘 걸린다. 또한 몸에 열이 많은데도 땀을 많이 흘리지 않아 차를 마셔서 노폐물을 배출해야 한다. 열이 많은 소양인은 시원한 성질의 보리차, 두충차, 산수유차, 구기자차, 결명자차, 녹차 등을 꾸준히 마시면 효과를 볼 수 있다.

소음인에게 좋은 차

소음인은 몸이 차고 위장 기능이 약한 체질이다. 주로 소화불량, 위산과다, 복통을 호소하며 손발이 차갑고 몸이 허약하다. 이처럼 몸이 차가운 체질은 기본적으로 혈액순환이 잘 안 되는 경우가 많다. 평소 따뜻한 물 한 잔도 보약이 될 수 있다. 따뜻한 성질의 약재를 이용한 귤껍질차, 유자차, 인삼차, 생강차, 대추차, 당귀차, 계피차, 개동쑥차 등을 마시면 좋다.

04

좋은 차는

좋은 재료가
결정해요

종류에 따라 고르는 방법이 다르다

화학 성분으로 된 양약에 비해 한방 약재는 자연에서 얻기 때문에 우리 몸에 부담이 되지 않는다. 잘 익어서 모양과 맛이 최상일 때 저마다의 특성이 가장 잘 발휘되므로 약재의 기운이 가장 왕성할 때 채취한 것을 고르는 것이 좋다.

한방 약재는 대부분 잎, 열매, 뿌리로 종류에 따라 좋은 것을 가려낼 줄 알아야 한다. 잎은 색이 엷으면서 쇠지 않은 여린 잎이 좋다. 말린 잎은 색이 선명할수록 햇것이고 잘 마른 것이다. 말라서 부서진 것은 좋지 않다. 열매는 습기 없이 잘 말라 있으며, 잘 익어서 알갱이가 굵고 단단하며 색이 선명한 것을 고른다. 뿌리는 굵고 고르며 지저분한 것이 섞이지 않은 것이 좋다.

국산 약재가 수입 약재보다 무조건 더 좋은 것은 아니다. 인삼, 홍삼, 산삼 등의 삼류는 국산이 가장 좋지만, 감초, 마황, 침향 등은 식생 분포 특성상 국내에서는 생산되지 않아 조선시대 때부터 원산지인 중국이나 중앙아시아에서 수입하고 있다. 황기, 맥문동, 작약 등은 원산지보다 재료의 품질을 잘 따져보는 것이 중요하다.

채소나 과일은 직접 말리고, 곡식은 볶아서 쓴다

흔히 채소와 과일은 생것으로 먹는 것이 가장 좋다고 생각하지만, 말려서 먹으면 더 풍부한 영양을 얻을 수 있다. 말리면 무기질이나 식이섬유 같은 영양소가 많아지고, 재료 본연의 맛도 더 깊어지기 때문이다. 높은 온도에서 말리면 과일이나 채소에 있는 영양 성분이 분해되어 없어질 수 있다. 서서히 말리는 것이 영양 성분을 고스란히 보존할 수 있는 방법이다.

모든 재료가 다 그런 것은 아니지만, 성질이 찬 재료들은 한 번 말리거나 볶는 과정을 거치면 영양 성분이 높아지고 독성이 사라진다. 제대로 볶은 곡식은 열량이 낮으면서 소화도 잘 되고, 체온을 높여 면역력 상승 효과가 있다.

독성이 있거나 부작용이 의심되는 재료는 조심한다

한약재 중에는 부자나 초오, 마황처럼 독성이 있거나 부작용이 나타날 수 있는 재료가 있다. 이런 재료는 일반인들이 약차나 약술로 이용할 수 없고 사용 기준도 까다롭기 때문에 조심해야 한다. 오랫동안 복용해야 효과가 나타나거나 독성이 있는 동물성 재료도 신중히 다뤄야 한다.

보관 상태도 중요하다. 부패한 약재는 색깔이나 냄새는 물론이고 외형도 다르다. 벌레가 먹은 것, 곰팡이가 핀 것 등은 사용하지 않는다.

서늘한 곳에 밀봉해서 보관한다

차를 끓이는 재료는 소량으로 구입해 깨끗이 씻은 뒤 바로바로 끓여 마시는 게 가장 좋다. 남은 약재는 잘못하면 눅눅해지거나 곰팡이가 슬기 쉬우므로 특별히 보관에 신경 써야 한다. 약재의 특성을 이해하고 그에 맞는 방법으로 보관해야 한다. 물기가 많은 과일청은 냉장 보관하고, 말린 약재는 완전히 말린 다음 밀폐용기나 지퍼백에 담아 밀봉한 상태로 바람이 잘 통하는 그늘에서 보관한다. 약재는 기본적으로 시간이 지나면 부패하거나 효능이 약해지므로 구입하면 되도록 빨리 사용한다.

시중에서 사는 약재는 자연에서 채취한 것보다 재배한 것들이 많다. 국산은 물론이고 수입 약재도 대부분이 재배한 것들이다. 이런 것들은 농약을 사용해 대량 재배하는 경우가 많아 오히려 몸에 안 좋을 수 있다. 중금속이나 잔류 농약 등을 검사하는 안전성검사를 통과한 재료로, 친환경 인증이나 안전성을 확보한 농산물에 정부가 부여하는 GAP 인증을 받은 제품을 선택하는 것이 좋다. 대부분 차로바로 끓이거나 침출할 수 있도록 포장되어있으니 라벨을 꼼꼼히 확인한다.

••• 백화점이나 대형마트의 식품 코너

생활 속에서 차의 재료를 구하는 것은 그리 어렵지 않다. 백화점이나 대형마트의 건강차 재료 코너를 이용한다. 위생적으로 포장해 일정한 규격으로 판매하고 있어 쉽게 이용할 수 있다.

••• 전문 약재시장과 재래시장

서울의 경동시장이나 대구의 약령시장처럼 영천, 제천, 산청, 영주 등 지자체마다 약초를 특화해 운영하는 약초시장이 있다. 특화된 전문 시장이 아닌 재래시장에서도 생강, 대추, 계피, 구기자 등의 간단한 재료는 살 수 있다.

••• 온라인 쇼핑몰

집에서 쉽게 차의 재료를 사는 방법은 바로 인터넷 쇼핑몰을 이용하는 것이다. 약재 시장으로 가장 큰 경동시장을 찾아가기 힘들다면 경동시장인터넷상인회(www.internetkyungdong.or.kr)를 이용한다. 차의 재료를 300g씩 소량 판매할 뿐 아니라 한방차 세트, 약재로 만든 즙과 약류도 다양하고 한방 미용 재료도 있다. 무엇보다 원산지와 증명 확인서, 판매자 정보가 정확한 것이 장점이다. 한국생약협회에서 운영하는 온라인 쇼핑몰 e-허브(www.e-herb.co.kr)는 농림부에서 인증 받은 국산 한약재만 판매하는 곳으로 생산자가 직접 운영하는 것이 특징이다.

••• 한의사와의 상담

한의사와의 상담을 통해 체질에 맞는 차 재료를 추천받는 방법도 있다. 보다 전문적으로 약차를 즐기고자 할 경우, 병을 예방하거나 치료의 보조요법으로 장기간 차를 복용하고 싶은 경우에는 전문 한의사의 진단과 처방을 받아보자.

05

건강차, 이렇게 마시면 좋아요

재료에 따라 끓이는 시간을 달리한다

차는 지나치게 오래 달이면 맛이 안 좋아지는 경우가 있다. 약재의 특성에 따라 시간을 조절한다. 한약을 달일 때처럼 처음에는 센 불로 끓이다가 물이 끓기 시작하면 불을 줄여 은근히 달인다. 여러 가지 약재가 섞여있고 뿌리나 가지 등 딱딱한 부분이 들어있는 약재는 약한 불로 1시간 정도 달이는 것이 좋다. 열매나 껍질은 30분 정도가 적당하며, 잎이나 가루는 녹차를 우려내듯 약한 불로 5~10분 동안 우려낸다.

재료의 분량은 취향에 맞게 조절한다

차를 끓일 때 물과 재료의 비율, 끓이는 시간 등에 따라 차의 진하기가 달라진다. 차 재료에 정해진 양은 없으니 마시기 어려울 정도로 쓰지만 않다면 취향대로 우려 마시면 된다. 보통 물 1L에 10~15g, 손으로 한 줌 정도가 기본인데, 물처럼 수시로 마신다면 조금 연하게 마시는 것도 좋다.

티백이나 가루는 침출법으로 우려낸다

약재를 넣고 끓이는 것이 아니라 뜨거운 물에 우려내는 것을 침출법이라 한다. 시판되는 티백이나 가루 약재로 차를 마실 때는 이 방법을 많이 쓴다. 특히 꽃과 잎은 가볍고 향이 나는 경우가 많아 뜨거운 물에 살짝 우려 특유의 향을 느끼며 마시면 좋다. 재료를 유리병에 보관해두고 차를 마실 때마다 1회분씩 덜어 거름망이나 티백을 이용해 침출하면 된다.

천천히 즐기면서 다양한 재료로 꾸준히 마신다

차는 천천히 음미하면서 즐기듯이 마시는 것이 좋다. 찻잔에 우리는 게 아니라면 하루 분량을 끓여 3회로 나눠 마신다. 차는 식사 전에 마셔도 좋은데 식으면 약효가 떨어지므로 되도록 따뜻할 때 마신다. 한 가지 재료만 쓰는 것보다 몸에 맞는 여러 재료를 혼합해서 끓이는 것이 오래도록 질리지 않게, 건강하게 차를 마시는 비법이다.

편리한 기능이 있는 차탕기를 활용한다

집에서 나만의 홈 카페를 즐기기 위해 커피머신을 사용하는 것처럼 다양한 기능이 있는 차탕기를 사용하면 좋다. 차탕기는 오랜 시간 일정한 온도로 차를 끓일 수 있어 불을 조절하거나 여러 번 나누어 끓이는 번거로움이 없다. 보다 편하고 건강하게 차를 즐길 수 있다.

06

매일 물 대신 마시는
생활차

물 대신 마시는 차는 따로 있다

하루 2L 이상의 물을 마시는 것이 좋다는 것을 알지만, 생수를 매일 그만큼씩 마시는 게 쉬운 일이 아니다. 물 대신 마시는 생활차를 이용해 수분을 보충하면 몸에 좋은 수분 섭취는 물론이고 차의 영양소까지 챙길 수 있다. 다만 재료에 따라 너무 많이 마시면, 몸속 전해질의 균형이 틀어졌을 때 노폐물을 걸러주는 신장에 문제가 생기기도 하고, 혈압이 떨어지거나 갈증이 오히려 심해지기도 한다. 곡류차 등 물 대용으로 마실 수 있는 차들은 우리가 먹는 음식과 비슷하기 때문에 많이 마셔도 부작용이 없다.

냉장고 속 자투리채소로 만들어요 면역력 높이는 해독채소차

해독주스, 해독수프 등 건강 비결과 관련해 관심이 큰 키워드 중 하나가 '해독'이
다. 디톡스로 많이 알려진 해독요법은 몸 안에 쌓여있는 독성 물질을 제거하는
것이다. 채소에는 건강에 좋은 비타민, 미네랄 등이 다량 함유되어있어 해독에
좋다. 이러한 채소들을 말린 후 덖어서 뭉근히 끓여 차로 마시기만 해도 효과가
있다.

무청차

무청은 구수한 맛이 나서 생활차로 마시기에 적합하다. 식이섬유가 풍부해 배변 활동을 원활하게 하고, 장에 머물면서 포만감을 높이기 때문에 다이어트차로도 좋다. 비타민과 철분, 칼슘 등의 미네랄도 풍부하다. 몸을 차게 하는 성질이 있으므로 충분히 말려서 사용해야 찬 성질을 없앨 수 있다.

무차

말린 무는 생것에 비해 칼슘이 112배나 많고, 칼슘의 흡수를 돕는 비타민 D도 풍부하다. 식이섬유도 20배나 늘어 변비 예방과 치료, 동맥경화 예방에 좋고 피부미백 효과도 있다. 지방 대사 촉진 물질이 있어 지방이 쌓이는 것을 막기 때문에 다이어트 차로도 권장된다. 냉장 보관해 두고 물처럼 수시로 마시면 좋다.

표고버섯차

〈본초강목〉에서 표고버섯은 기를 북돋우고 허기를 느끼지 않게 하며, 풍을 고치고 피를 잘 통하게 한다고 전해진다. 암을 억제하는 레티닌 성분이 풍부해 암을 예방하고 신체 면역력을 높인다. 특유의 버섯 향이 좋고 맛이 구수해 차로 마시기에 부담이 없다.

당근차

한의학에서 당근은 성질이 따뜻한 채소로 우리 몸의 체온을 높여 수족냉증을 치료하고 장운동을 촉진해 숙변 제거, 변비 개선에 도움을 준다. 카로틴이 풍부해 눈과 피부의 건강을 보호하고 호흡기를 건강하게 한다.

— **Tip1** —

채소차는 각각의 재료로 끓여 마셔도 되지만, 여러 채소를 혼합해 차를 끓이면 각 채소의 영양 성분과 효능을 고루 누릴 수 있어 좋다. 여기 소개된 당근, 무, 무청, 표고버섯 외에도 집에 있는 채소를 활용할 수 있다.

— **Tip2** —

냉장고 속 자투리 채소나 먹지 않아 마른 과일 등을 건조기로 바짝 말려 모아두면, 차를 끓여 마시기 좋고 보관하기도 편하다.

요즘은 생수를 사 먹거나 정수기의 물을 먹는 집이 많지만, 불과 10여 년 전만 해
도 매일 아침 커다란 주전자에 곡물차를 끓여 마시는 집이 더 많았다. 생수가 밋밋
하거나 비릿하게 느껴진다면 맛과 향이 구수한 곡물차를 끓여 마시면 좋다. 물을
더 많이 마실 수 있고, 각 재료의 효능까지 느낄 수 있다.

곡물차는 물 대신 마시는 생활차로 안성맞춤일 뿐 아니라 곡물의 영양을 그대로
품고 있어 평소 즐겨 마시면 좋다. 갈증이 날 때도 탄산음료나 과즙음료보다 곡물
차를 시원하게 해서 마시면 열을 내리고 갈증을 해소하는 데 한결 효과가 있다.

보리차

보리차는 물 대신 마실 수 있는 대표적인 곡차다. 겉보리를 볶아 물에 넣고 끓인 차로 고소한 풍미가 있어 맹물 대신 먹기에 좋다. 보리차는 무기질이 풍부하게 함유되어있어 몸속 전해질의 균형을 맞춰준다.

옥수수차

옥수수는 피로를 풀고 소화를 촉진하는 효능이 있다. 세균 증식을 막아 충치 예방 등 구강 건강에 도움을 주며, 중금속 해독에도 효과가 있다. 옥수수차는 맛이 구수하고 부드러워 남녀노소 즐겨 마시는 생활차로 그만이다. 옥수수를 직접 말려 차를 끓이려면 옥수수 대와 알맹이를 분리해 말린 후 여러 번 볶아서 만든다.

현미차

현미의 좋은 효능을 그대로 가지고 있어 물 대신 마시면 좋다. 현미는 항암 물질인 비타민 A·C·E와 베타카로틴이 풍부해 암 예방에 도움을 주며, 콜레스테롤을 억제하고 혈관을 깨끗하게 만드는 효능이 있다.

둥글레차

둥글레의 뿌리는 열을 다스리고 허약체질을 개선하는 효과가 있을 뿐 아니라 혈압과 혈당을 낮추는 작용이 있어 장기간 복용하면 안색과 혈색이 좋아진다. 기력이 떨어져 식은땀을 많이 흘리는 사람들에게 특히 좋다. 하루 1~2잔 정도 마시는 것이 적당하다.

────────(Tip1)────────

곡물차를 끓일 때는 시판 티백보다 볶은 곡물을 사거나 곡물을 직접 볶아서 사용하는 것이 좋다. 훨씬 더 깊은 맛과 향을 느낄 수 있다. 곡물은 한꺼번에 많은 양을 사기보다 소량씩 구입한다. 한 가지 곡물을 고집하기보다 여러 가지 곡물을 돌아가며 끓여 마시면 질리지 않고 맛있게 생활차로 즐길 수 있다.

────────(Tip2)────────

온도 조절이 가능하고 오래도록 뭉근히 끓일 수 있는 전기 유리포트를 사용하면 하루 종일 따뜻하고 맛있는 차를 마실 수 있어 좋다.

건강을 챙기기 위해 커피 대신 차를 텀블러에 담아 들고 다니며 마시는 사람들이 많다. 특히 운동이나 다이어트를 하는 20~30대와 카페인이 몸에 잘 받지 않는 사람들에게는 커피나 음료 대신 건강차가 인기다. 곡물이나 뿌리채소 등을 우려 낸 차 중 내 몸에 특히 좋은 효능이 있는 차를 꾸준히 마시면 보약이 된다.

우엉, 도라지 등 다양한 작물로 차를 끓일 수 있는데, 집에서 말려 차를 끓이려면 잘 씻어 말린 후 수분이 완전히 날아가도록 볶아서 물을 붓고 끓인다. 요즘 특히 인기 좋은 작물차 4인방을 소개한다.

귀리차

타임지에서 선정한 10대 슈퍼 푸드 중 유일한 곡물이 바로 귀리다. 귀리는 우수한 식이섬유와 베타글루칸이라는 물질이 많아, 콜레스테롤 수치를 낮추고 심장병, 당뇨병 환자들에게 도움을 준다. 필수 아미노산, 비타민, 칼슘, 칼륨 등을 함유하고 있어 면역력 강화에도 좋다. 맛이 구수하고 향기로워 마시기도 편하다.

메밀차

몸속에 쌓이기 쉬운 노폐물의 배출을 돕고 혈관을 튼튼하게 하는 디톡스 식품으로 꼽힌다. 아미노산과 비타민이 풍부해 다이어트에 좋고, 이뇨작용이 있어 부기도 뺀다. 단, 메밀은 성질이 차기 때문에 돼지고기와 함께 먹는 것을 피하고, 손발이 찬 사람은 먹지 않는 것이 좋다.

작두콩차

비염에 좋은 차로 알려진 작두콩차에는 콧물을 억제하는 히스티딘 성분과 코의 염증을 개선하는 카나바닌 성분이 들어있다. 또한 항산화작용과 항암작용이 있고 피로 해소와 체중관리 효과까지 있어 생활차로 꾸준히 마시면 좋다.

우엉차

우엉은 인삼의 주성분인 사포닌이 풍부해 면역력을 증진시키고, 몸속 지방과 콜레스테롤을 제거하며, 혈액순환을 도와 냉증을 개선하는 등 다양한 효과가 있다. 껍질에 폴리페놀 성분도 풍부하므로 껍질까지 사용하는 것이 좋다.

Tip

예전에는 차를 끓이는 용기로 스테인리스 주전자를 많이 사용했다. 하지만 약재나 곡물의 성분 중 몇몇이 금속에 달라붙는 경향이 있다는 사실이 밝혀지면서 금속성 주전자보다 유리용기에 차를 끓여 마시는 것이 더 좋다고 알려져 있다.

보온 기능이 있고 미세 온도 세팅으로 물을 차에 맞는 온도로 끓일 수 있는 전기포트가 있으면 더욱더 편리하다. 불에 올려 끓이는 것보다 안전하다는 것도 차탕기의 장점이다. 안심 이중구조로 설계된 차탕기는 오랜 시간 끓여도 표면이 뜨거워지지 않기 때문에 아이가 있는 가정에서 안심하고 사용할 수 있다.

PART

2

HEALTHY TEA

내 몸을 건강하게 하는
약차

#01

호흡기에 좋은 차

감기, 기침, 비염 안녕~
기관지와 호흡기가 튼튼해져요

찬바람만 살짝 불면 콜록콜록 기침부터 나는 사람이 있죠. 굳이 감기약을 먹을 정도는 아니어도, 이런 호흡기질환이 계속되면 면역력이 약해지고 체력도 떨어지기 쉬워요. 특히 어린이나 노인의 경우 감기에 걸리면 기관지염, 편도선염, 폐렴으로까지 확대될 수 있어요. 평소 감기에 대한 면역력과 저항력을 길러주는 비타민 C를 충분히 섭취하고, 차가운 물 대신 호흡기를 튼튼하게 하는 따뜻한 차를 꾸준히 마시면 좋아요.

귤껍질차(진피차)
모과차
도라지생강배차
작두콩맥문동차

굴껍질차

진피차

감기를 예방해요

은은한 굴 향이 배어있어 향기는 진하고 맛은 구수한 굴껍질차. 굴은 알맹이보다 껍질에 비타민 C가 훨씬 많다. 풍부한 비타민 C 덕분에 피로 해소, 감기 예방, 식욕 증진, 피부미용의 효과가 뛰어나다. 특히 감기 초기에 굴껍질 달인 차를 마시면 땀이 나면서 열이 내린다. 가래로 인해 목이 답답하거나 기침이 자주 날 때 먹으면 가래를 삭여 증상 개선에 도움이 된다.

Ingredient

말린 귤껍질 15g, **물** 3컵

How to make

1 귤을 소금으로 문질러 깨끗이 씻은 뒤, 껍질을 벗겨 농약 성분을 제거한다.

2 ①을 그늘에서 바싹 말려 밀폐용기에 담아두고 먹을 때마다 사용한다.

3 준비한 귤껍질에 물을 붓고 은근한 불에서 끓여 향이 충분히 우러나도록 한다.
   끓이는 시간은 10분 정도가 적당하다. 너무 오래 끓이면 진피의 향과 맛이
   떨어지므로 유의한다.

1

2

3

Tip

말린 귤껍질을 프라이팬에 넣고 약한
불에 노릇해질 때까지 볶으면 차의 효
능과 풍미가 살아난다.

모과차

기침이 멎고 가래가 없어져요

생긴 건 못났어도 특유의 진한 향을 가진 모과. 모과는 향은 좋지만 맛이 시고 떫어 주로 청을 만들어 차나 술로 먹는다. 칼슘, 칼륨, 철분 등의 미네랄이 풍부한 알칼리성 식품으로 〈본초강목〉에 주독을 풀고 가래를 제거한다고 나와 있다. 모과의 신맛을 내는 사과산이 신진대사를 원활하게 하고 소화효소 분비를 촉진하며, 떫은맛을 내는 타닌 성분이 설사를 멎게 한다. 한방에서는 모과가 감기, 기관지염, 폐렴 등을 앓아 기침을 심하게 하는 경우에 탁월한 효과가 있는 것으로 알려져 있다.

Ingredient

모과청 1큰술, **물** 1컵

How to make

1 얇게 썰어 꿀에 재어놓은 모과청 1큰술을 준비한다.
2 모과청을 찻잔에 덜어 넣고 뜨거운 물 1컵을 부은 뒤 한 번 젓는다.
3 모과의 향이 우러날 때까지 잠시 두었다가 천천히 마신다.

모과청은 모과와 설탕을 동량으로 섞어 만든다. 모과를 깨끗이 씻어 껍질째 채 썬 후 밀폐용기에 설탕과 켜켜이 담아 1주일 정도 절인다. 모과의 씨에는 독성분이 있으므로 씨는 완전히 제거한다.

도라지생강배차

알레르기 비염, 천식에 좋아요

도라지는 기관지의 점액 분비를 촉진하는 사포닌이 풍부해 가래와 기침을 완화한다. 평소 감기에 자주 걸리거나 기침 또는 가래가 많은 사람, 알레르기 비염이나 천식 등의 지병이 있는 사람은 꾸준히 음용하면 좋다. 도라지만 끓이면 맵고 쓴맛이 난다. 생강과 배를 함께 넣고 푹 달이듯이 끓이면 가족 모두가 마실 수 있는 달콤한 약차가 된다.

Ingredient

배 3개, **생강** 4톨, **도라지** 3개, **파뿌리** 적당량, **꿀** 조금, **물** 3L

How to make

1 배를 8등분으로 썰어 씨를 빼고 껍질째 썬다.

2 생강은 껍질을 잘 다듬어 편으로 썬다.

3 도라지와 파뿌리는 흙을 털어내고 씻는다.

4 모든 재료를 물에 넣고 푹 끓인다.

5 면 보자기에 깔끔하게 걸러낸 뒤 물만 다시 끓여 마신다.

작두콩맥문동차

건조해진 호흡기가 촉촉해져요

작두콩은 콩깍지의 모양이 마치 작두와 닮았다고 하여 붙여진 이름이다. 콩과 콩깍지를 함께 잘라 말려서 달여 마신다. 〈본초강목〉에서는 작두콩이 장과 위를 보호하고 속을 따뜻하게 하며 신장 기능을 증진시킬 뿐 아니라 비염과 축농증 증상을 완화한다고 언급하고 있다. 여기에 맥문동을 보충하면 좋다. 맥문동은 호흡기에 좋은 대표적인 약재로 호흡기의 진액을 보충해 오래된 기침과 잔기침, 마른기침을 가라앉히고, 가슴이 불안하면서 입이 잘 마르는 경우에 특히 효과를 발휘한다.

Ingredient

작두콩 10g, **맥문동** 10g, 물 2L

How to make

1 작두콩과 맥문동을 동량으로 준비해 물에 넣고 끓인다.
2 물이 끓기 시작하면 약한 불로 줄여 약 30분간 더 끓인다.

작두콩맥문동차는 한꺼번에 많이 끓여놓지 않고 마시고 싶을 때 한 잔씩 우려 마셔도 좋다. 볶은 작두콩을 콩깍지째 믹서로 잘게 자른 뒤, 찻잔에 볶은 맥문동과 함께 넣고 뜨거운 물을 부어 약 5분간 우려 마신다.

#02

피부가 예뻐지는 차

맑게, 깨끗하게, 탄력 있게!
피부가 건강해져요

사춘기엔 여드름 등 피부 트러블과의 전쟁, 나이가 들면 기미, 주
근깨와의 사투, 피부 고민은 끝이 없어요. 또 추운 겨울엔 피부가
건조해서 가렵고, 뜨거운 여름엔 땀과 모공 때문에 관리가 쉽지 않
죠. 평소 화장품으로 꾸준히 관리하듯 피부에 좋은 차를 수시로 마
시면, 피부에 탄력이 생기고 혈액순환에 도움이 되며, 피부 트러블
이나 염증 진정에도 효과가 있어요. 따뜻한 차를 마시는 여유와 함
께 피부 건강까지 챙기세요.

탱자차
인삼대추차
솔잎차
레몬차

탱
자
차

아토피성 피부염에 좋아요

울퉁불퉁한 귤처럼 보이는 탱자는 쓰고 떫어서 과일로는 인기가 없지만 약재로는 예부터 귀한 대접을 받았다. 구연산, 비타민 C, 칼륨 등 다양한 성분을 함유하고 있으며, 장기와 폐를 튼튼하게 만들어 외부의 독으로부터 우리 몸을 지킨다. 특히 항균작용이 뛰어나 피부염증이나 아토피성 피부염을 개선한다. 단, 성질이 차니 너무 많이 섭취하지 않도록 주의한다. 탱자차는 시중에서 쉽게 구할 수 있는 말린 탱자로 만들면 편하다.

Ingredient

탱자 50g, **설탕 또는 꿀** 50g, **물** 2컵

How to make

1 말린 탱자를 준비해 깨끗이 씻은 뒤 물기를 말린다.
2 얇게 썰어 밀폐용기에 동량의 설탕과 켜켜이 담아 탱자청을 만든다.
3 뜨거운 물에 탱자청을 알맞게 타서 마신다.

탱자청을 만들지 않고 잘 말린 탱자 20g에 물 1L를 넣어 은은한 불에서 30분 정도 끓여 마셔도 좋다.

인삼대추차

피부에 활력이 생겨요

한방에서는 오래 전부터 대추를 감초처럼 여러 곳에 이용해왔다. 잘 익은 대추를 말렸다가 달여 먹으면 기운이 나고 장이 튼튼해지며 피부에 활력이 생겨 젊음이 유지된다. 기침이 멎고 열이 내리며 변비도 개선된다. 특히 신경을 누그러뜨리는 작용이 있어 예민하고 신경 질적이며 성격이 급한 사람들에게 좋다. 여기에 원기회복에 좋은 수삼을 넣어 함께 끓이면 면역력을 높이는 효과도 있다. 수삼 특유의 쓴맛이 싫다면 수삼의 양을 줄이고 대추를 늘려도 된다.

Ingredient
수삼 5개, **대추** 1컵, **물** 5컵

How to make

1 곰팡이 없이 잘 말린 대추 1컵을 물에 깨끗이 씻는다.
수삼도 깨끗이 씻어 준비한다.

2 찻주전자에 대추와 수삼을 넣고 물 5컵을 부어 끓인다.

3 색이 진하게 우러나고 물이 반으로 줄면 찻잔에 담고 꿀을 넣어 마신다.

수삼과 대추 외에 감초, 당귀 등을 넣어 끓이면 집중력과 기억력이 향상된다. 대추는 진정작용이 뛰어나고 당귀는 뇌세포의 핵분열을 촉진하기 때문에 기억세포의 기능이 강화된다.

솔잎차

혈색이 좋아져요

솔잎은 혈액의 흐름을 좋게 하고 혈관의 벽을 튼튼하게 하는 효능이 있다. 혈액순환이 잘되면 피부의 혈색이 좋아져 건강해 보이는 것은 물론, 신경통과 류머티스 증세가 개선되고 체내 호르몬의 균형이 유지된다. 중풍과 고혈압도 예방한다. 솔잎에 풍부한 엽록소가 조혈작용을 해 상처를 치료하고 빈혈, 위궤양 등에도 효과도 있다. 설탕을 넣지 않고 솔잎만 푹 끓여 솔잎 진액을 만들어 먹어도 좋다.

Ingredient

솔잎 50g, **설탕 또는 꿀** 50g, **물** 1컵

How to make

1 어린 솔잎을 깨끗이 씻어 건져 물기를 완전히 뺀다.

2 밀폐용기에 솔잎을 담고 솔잎이 잠기도록 꿀이나 설탕을 부어
1주일 정도 재어둔다.

3 향이 우러나면 솔잎을 건져내고 솔잎청을 냉장고에 보관했다가
뜨거운 물 1컵에 솔잎청 1큰술을 넣고 잘 저어 마신다.

시럽에서 건져낸 솔잎을 찻잔에 담고 뜨거운 물을 부어 마시면 향이 더 진하다. 여름철에는 차가운 생수에 타서 마셔도 맛이 좋다.

레
몬
차

노화를 늦추고 피부를 맑게 해요

레몬차는 비타민 C뿐 아니라 플라보노이드, 유기산 등이 풍부해서 피부에 있는 독소와 불순물을 없애 피부를 맑고 깨끗하게 만든다. 또한 항산화 효과가 탁월해 염증을 없애고 면역력을 강화하며 노화를 막는다. 신진대사를 활발하게 만들고 피로를 일으키는 물질을 억제하기 때문에 피로 해소에도 매우 좋다. 신맛이 강한 생과 대신 차를 끓여 마시면 신맛이 줄어 먹기 편하다.

Ingredient

레몬 50g, **설탕 또는 꿀** 50g, **물** 2컵

How to make

1 레몬을 준비해 깨끗이 씻은 뒤 물기를 말린다.

2 얇게 썰어 밀폐용기에 동량의 설탕 또는 꿀과 켜켜이 담아 레몬청을 만든다.

3 뜨거운 물에 레몬청을 알맞게 타서 마신다.

레몬청을 만들 때 가장 중요한 것은 레몬을 닦는 일이다. 소금과 베이킹소다, 식초를 이용해 레몬의 잔류농약까지 제거한다. 껍질째 슬라이스해서 레몬청을 담그는데, 이때 씨를 빼고 양쪽 꼭지 부분도 잘라내면 쌉싸름한 맛을 줄일 수 있다.

#03

다이어트를 돕는 차

차만 마셔도 살이 쏙~
날씬한 몸매를 만들어줘요

다이어트는 평생의 숙제죠. 날씬한 몸매를 위해 다이어트하기도
하지만, 건강을 위해 체중을 줄이고 관리하는 사람들도 많아요. 다
이어트 식품은 워낙 종류가 다양하고 유행도 자주 바뀌는 편인데,
약차를 꾸준히 마시면서 다이어트하면 체내지방 흡수를 막고 콜
레스테롤 수치까지 낮춰 건강한 다이어트가 가능해집니다. 단, 다
이어트를 위해 차를 마시는 경우 다량으로 복용하는 경우가 많은
데, 어떤 차에는 이뇨작용을 유발하는 성분이 있어 너무 많이 마시
면 만성 탈수로 이어질 수도 있어요. 적당히 마셔야 한다는 점을
기억하세요.

\# 양파차
\# 돼지감자차
\# 뽕나무가지차(상지차)
\# 팥차

양파차

다이어트에 효과 만점이에요

양파는 콜레스테롤 수치를 낮추고 동맥경화를 예방하는 것으로 알려져 있다. 양파차를 꾸준히 마시면 고지혈증, 고혈압 예방에 도움이 된다. 피를 맑게 하고 열을 내리며 이뇨작용도 한다. 또한 프로토카테큐산이라는 항산화 성분과 녹차의 2배가 넘는 카테킨 성분이 함유되어 노화 방지, 심장병 예방, 다이어트 등의 효과가 높다. 양파차는 달콤하고 구수한 맛이 나는데, 양파향이 부담스럽다면 대추를 넣고 끓여도 좋다.

Ingredient

양파 1개, **물** 1L

How to make

1 양파 1개를 껍질째 깨끗이 씻어 자른다.

2 물에 양파를 넣고 센 불에서 끓이다가, 끓어오르면 약한 불로
   줄여 물이 반으로 줄어들 때까지 약 20분 정도 더 달인 뒤
   식혀서 마신다.

양파 껍질은 끓이면 끓일
수록 항산화 효과가 증가
한다. 평소 요리하고 남
은 양파 껍질만 모아서
끓여 마셔도 양파차의 효
과를 볼 수 있다.

돼지감자차

비만과 당뇨병을 예방해요

돼지감자는 모양이 울퉁불퉁하고 길이도 제각각이라 뚱딴지라는 별명을 가지고 있다. 한동안 돼지의 먹이로 쓸 정도로 관심을 받지 못했으나 요즘은 대사증후군인 비만, 당뇨병, 고지혈증에 좋은 식품으로 각광받고 있다. 주성분인 이눌린은 천연 인슐린으로 불리는데, 칼로리가 낮은 다당류로 위액에 소화되지 않고 혈당치를 올리지 않는다. 당뇨병뿐만 아니라 중성지방을 줄여 고지혈증을 개선하고 비만을 억제하여 각종 성인병을 예방하는 효과가 있다.

Ingredient

돼지감자 20g, **물** 1L

How to make

1 돼지감자를 물에 넣고 끓인다.
2 물이 끓기 시작하면 약한 불로 줄여 약 10분간 더 끓인다.

돼지감자는 편으로 썰어 말린 후 볶으면 특유의 구수한 맛과 향이 더해지고 찬물에도 잘 우러난다. 여름철에는 찬물에 우려 시원하게 즐겨도 좋다.

뽕나무가지차
상지차

탱탱한 젊음을 유지시켜요

뽕나무는 열매, 잎, 줄기, 뿌리까지 버릴 것 하나 없어 '동방의 신목'이라 불리는 귀한 나무다. 특히 뽕나무 가지는 식이섬유가 풍부해서 식욕을 억제하고 섭취한 음식물의 과다흡수를 막는다. 또한 노화를 예방하는 항산화 물질이 많아 탱탱한 젊음을 유지시키고 피로 해소에도 도움이 된다. 단, 몸속의 습기를 말려 살을 빼는 작용을 하므로 임산부나 변비가 있는 사람은 먹지 않는 것이 좋으며, 일반인도 하루 2잔 정도 마시는 것이 적당하다. 생가지를 그대로 달여 마시기 때문에 풋내가 조금 나기도 하지만 달콤하고 구수한 맛이 난다.

Ingredient

뽕나무 가지 30g, **물** 1L

How to make

1 뽕나무 가지를 물에 담가 1시간 불린다.

2 물과 뽕나무 가지를 센 불에서 끓인다.

3 물이 끓으면 뚜껑을 열고 중불에서 1시간 정도 더 끓인다.

뽕나무가지차를 만드는 상지는 아직
새잎이 돋지 않은 2월 말에 가지치
기한 뽕나무라야 효과가 있다.

팥
차

부기와 노폐물을 빼줘요

팥차는 '팥톡스'라는 단어가 생길 정도로 다이어트와 디톡스 효과를 인정받았다. 사포닌과 칼륨이 많아 혈압 조절, 부기 완화, 노폐물 배출 등에 탁월하다. 평소 맵고 짠 음식을 즐겨 먹는다면 팥차로 노폐물 배출과 부기 관리를 해보는 것도 좋다. 하지만 과다섭취하면 이뇨작용을 촉진해 탈수가 생길 수 있으며, 칼륨이 많아 신장이 나쁜 사람은 피해야 한다. 다이어트 중에 팥과 말린 단호박을 함께 끓인 호박팥차를 마시면 부기를 빼는 데 좋은 효과를 볼 수 있다.

Ingredient

팥 30g, **물** 2L

How to make

1 팥을 볶는다.
2 볶은 팥에 물을 붓고 팔팔 끓인다.
3 팥알을 거르고 물을 마신다.

Tip

팥을 삶을 때 나오는 거품은 팥에 풍부한 사포닌 성분으로 배변 활동을 촉진한다. 또한 수용성 식이섬유와 안토시아닌 성분들이 우러나므로 거품도 첫물도 버리지 말고 그대로 마시는 것이 좋다.

#04

허약체질을 개선하는 차

**쉽게 지치고 기운이 없다면
면역력과 체력을 강화해요**

원기는 생명을 유지하는 기본적인 힘을 말하죠. 평소보다 쉽게 지치고 기운이 없다면 체력을 관리해야 해요. 각종 비타민과 미네랄, 식이섬유 등 현대인의 식생활에서 부족하기 쉬운 영양소를 보충하고 산성 체질을 알칼리성으로 바꿔주는 약차를 마시면 기력 보강에 도움이 된답니다. 항상 피곤하고 기운이 없는 사람들에게 면역력을 강화하고 체력을 보강할 수 있는 차를 추천합니다.

\# 황기차
\# 감잎차
\# 구기자차
\# 생맥산(인삼, 오미자, 맥문동)

황기차

식은땀이 잘 나는 허약체질에 좋아요

인삼과 비슷하게 생긴 황기는 삼계탕에 빠질 수 없는 약재다. 성질은 따뜻하고 맛은 달며 독이 없어 한방 재료로 널리 활용된다. 황기차는 허약해서 식은땀이 잘 나거나 몸이 자주 붓는 사람에게 좋다. 땀을 많이 흘려 탈진이 오려고 할 때, 더위나 피로에 지쳤을 때도 도움이 된다. 생 황기를 덖어 차를 끓이면 초기 감기 증상이나 만성 염증이 낫지 않을 때 효능이 있고, 꿀에 재어두었다가 볶아서 끓이면 허약한 사람들의 기운을 돋우는 차가 된다.

Ingredient

황기 40g, **물** 2L

How to make

1 물에 황기를 넣어 센 불에서 15분 끓인 뒤 약한 불로 20분 정도 끓인다.
  단맛을 더하고 싶으면 대추를 넣어도 좋다.

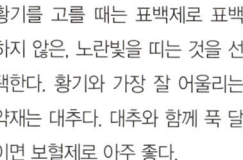

황기를 고를 때는 표백제로 표백하지 않은, 노란빛을 띠는 것을 선택한다. 황기와 가장 잘 어울리는 약재는 대추다. 대추와 함께 푹 달이면 보혈제로 아주 좋다.

감잎차

면역력을 높여요

감잎은 비타민 A와 C가 풍부해 감기를 예방하고 면역 기능을 강화한다. 혈압을 내리고 머리를 맑게 하며 심한 갈증을 해소해주기 때문에 꾸준히 마시면 고혈압, 동맥경화, 당뇨병 등의 성인병을 개선하는 효과도 있다. 감잎에는 이뇨를 돕는 성분도 있는데, 이 성분이 신진대사를 촉진하고 부기를 빼 다이어트에도 도움이 된다.

Ingredient

말린 감잎 10g, **물** 3컵

How to make

1 말린 감잎을 물에 헹궈 건진다.

2 물을 팔팔 끓이다가 불을 끄고 준비한
   감잎을 넣어 5~10분 정도 우린다.

3 감잎이 진하게 우러나면 찻잔에
   따라 마신다.

감잎 말리기

❶ 어린 감잎을 채취한 후 물에 씻어서 물기를 뺀다.

❷ 김이 오른 찜통에 감잎을 넣고 2분 정도 쪄서 식힌다.

❸ 감잎을 3~5mm 폭으로 썰어 그늘에서 3일 정도 바싹 말린다.
   밀폐용기에 담아 보관해두고 필요할 때마다 우려 마신다.

구
기
자
차

잔병을 막아줘요

동양의 베리인 고지베리라고도 불리는 구기자는 세계 슈퍼 푸드에 등극할 정도로 강력한 항산화 식품이다. 간장과 비장을 튼튼하게 하는 효능이 있어 피로 해소에 좋으며, 꾸준히 마시면 잔병을 막아 몸이 튼튼해지고 중풍을 예방할 수 있다. 위장을 튼튼히 하고 소화 기능을 향상시켜 체중 감량에도 효과적이다. 특히 피부를 맑게 하고 기미를 없애며, 머리카락이 일찍 세는 것을 막기 때문에 미용 재료로 자주 이용된다. 눈이 침침하거나 현기증이 날 때, 과로했을 때도 효과가 있다.

Ingredient

구기자 15g, **물** 3컵

How to make

1 구기자를 물에 넣고 중불에서 끓인다.

2 물이 끓어오르면 불을 약하게 줄이고 갈색이 우러날 때까지 은근하게 더 끓인다.

3 충분히 우러나면 구기자를 체에 걸러 찻잔에 따라 마신다.

구기자는 특별한 맛이 없기 때문에 다른 재료와 섞어서 차를 끓여도 괜찮다. 생강, 계피, 대추 등과 함께 끓여 마시면 향이 더 좋다.

생맥산 인삼 오미자 맥문동

원기회복에 좋은 여름 보약이에요

생맥산은 예부터 내려오는 선조들의 영양음료다. 맥문동, 인삼, 오미자가 주성분으로, 〈동의
보감〉에 의하면 사람의 기를 돋우고 심장의 열을 내리며 폐를 깨끗하게 하는 효능이 있다. 냉
장고에 넣어두고 시원하게 마셔도 좋고, 따뜻한 차로 마셔도 좋다. 인삼은 원기회복에 도움
이 되는 대표 약재다. 여기에 맥문동과 오미자를 더하면 깔끔하고 개운한 맛이 난다.

Ingredient

인삼 · 오미자 · 맥문동 각 20g씩, 물 1L

How to make

1 오미자를 찬물에 담가 냉장고에서 하루 정도 우려낸다.

2 잘게 썬 인삼과 맥문동은 물에 한 번 헹군다.

3 오미자 우린 물에 나머지 재료를 넣고 센 불에서 끓인다.

4 약한 불에서 30분 이상 푹 달인다.

5 불을 끄고 면 보자기에 걸러 물만 마신다.

1

2

5

생맥산은 한방에서 전통적으로 여름에 처방할 만큼 손꼽히는 여름 보약이다. 〈동의보감〉에 사람의 기를 돋우며 심장의 열을 내리고 폐를 깨끗하게 하는 효능이 있다고 나와 있다. 한여름에 생맥산을 냉장고에 넣어두고 시원하게 물처럼 마시면 갈증이 해소된다.

#05

위와 장에 좋은 차

변비, 설사, 소화불량…
소화기질환에 효과 있어요

건강을 유지하기 위해서는 좋은 음식을 먹는 것도 중요하지만 소
화를 잘 시키는 것도 중요하죠. 소화가 잘 되지 않으면 에너지를
제대로 얻지 못해 기운이 없어지고, 속이 편안하면 그만큼 몸도 가
벼워 활동이 편해집니다. 평상시 쉽게 체하고 소화가 잘 안 된다면
내 몸에 맞는 약차를 꾸준히 복용해 소화에 도움을 주세요.

매실차
생강차
사과차
옥수수수염차

매실차

배탈, 설사를 막아요

매실에는 각종 비타민과 미네랄, 유기산이 다른 과일이 따라오지 못할 정도로 많이 들어 있다. 매실에 풍부한 유기산은 식욕을 돋우고 위장의 작용을 활발하게 하며, 피로 해소를 돕고 피부를 곱게 한다. 특히 조금만 잘못 먹어도 탈이 나거나 설사를 하는 사람은 매실차 를 꾸준히 마시면 좋다. 매실의 강력한 살균 성분이 장내 유해균을 없애 배탈, 설사를 막기 때문이다. 매실의 피크린산이 간 기능을 활성화해 숙취에도 효과가 있다.

Ingredient

매실장아찌 1개, **매실청** 2작은술, **물** 1컵

How to make

1 찻잔에 매실장아찌와 매실청을 넣고 팔팔 끓인 물을 부어
   맛과 향이 우러나면 마신다.

매실장아찌 만들기

❶ 청매실 1kg을 씻어 소금 1컵을 뿌려두었다가 체에 밭쳐 소금
   물을 빼고 서늘한 곳에서 1주일 정도 말린다.
❷ 밀폐용기에 꾸들꾸들해진 매실과 차조기잎을 켜켜로 담고, 물
   2컵에 소금 2컵을 섞은 소금물을 부어 서늘한 곳에서 1개월쯤
   재어둔다.

생강차

몸을 따뜻하게 해요

생강은 몸이 차가워서 생기는 설사와 복통에 안성맞춤인 재료다. 땀을 내고 열을 떨어뜨리며 신진대사를 도와 몸속까지 따뜻하게 만들기 때문에 감기의 여러 증세에도 잘 듣는다. 식욕을 돋우고 구토를 가라앉히며 혈액순환을 좋게 하는 효과도 있다. 하지만 자극성이 강하므로 치질이 있거나 눈이 자주 충혈되는 사람, 종기가 잘 생기는 사람은 피한다. 생강의 쓴맛이 부담스럽다면 레몬즙이나 레몬청을 더해 마시면 좋다. 진한 생강청을 따뜻한 우유에 타 마시는 생강라떼도 추천한다.

Ingredient

생강 2톨, **설탕 또는 꿀** 조금, **물** 2컵

How to make

1 생강을 깨끗이 씻어 껍질을 벗긴 뒤 얇게 저민다.
2 저민 생강을 찻주전자에 넣고 물을 부어 팔팔 끓인다.
3 생강의 맛이 잘 우러나면 체에 걸러 찻잔에 따르고 설탕이나 꿀로 단맛을 낸다.

생강 향을 더 진하게 즐기려면 강판에 갈아서 사용해도 된다. 생강의 껍질을 벗기고 강판에 간 다음 끓는 물을 부어 마시면 향이 더 강하고 약효도 빠르게 나타난다.

사과차

변비를 예방해요

가을철 대표 과일 사과는 식이섬유가 많아 소화를 촉진하고 변비를 예방하며, 철분의 흡수율
을 높여 빈혈에 효과가 있다. 비타민 C와 칼륨, 칼슘 등의 무기질이 풍부하게 들어있어 피부
미용에도 좋다. 사과청으로 사과차를 만들면 달콤한 맛과 향이 배가되어 식후에 디저트로 마
시기 좋은 차가 된다. 사과청으로 사과잼, 사과조림 등을 만들어 먹어도 좋다.

Ingredient

사과 50g, **설탕 또는 꿀** 50g, **계핏가루** 조금, **물** 1컵

How to make

1 사과를 식초와 베이킹소다를 탄 물에 20분 정도 담가 살균한다.

2 사과를 얇게 썰어서 설탕, 계핏가루와 섞어 사과청을 만든다.

3 물을 끓인 뒤 적당량의 사과청을 타서 마신다.

1

2

집에 말라가는 사과가 있다면 칩으로 만들어 차를
끓일 수 있다. 사과를 깨끗이 씻은 뒤 껍질째 얇게
썰어 말린다. 간식으로 그냥 먹어도 좋고, 물에 넣어
달이듯이 오래 끓여 차로 마셔도 좋다.

옥수수수염차

소화불량에 효과 있어요

특유의 구수함과 달콤한 맛 덕분에 많은 사람들에게 사랑받는 옥수수수염차. 몸의 염증과 부기를 빼는 효능이 있으며, 베타시토스테롤이 들어있어 치통, 소화불량에 좋은 효과를 나타낸다. 칼로리가 낮고 식이섬유가 풍부하기 때문에 다이어트에도 도움이 된다. 또한 혈당처리 능력을 개선해 관련된 증상들을 완화하고, 이뇨작용을 활발하게 해 비뇨기질환 예방에도 도움을 준다.

Ingredient

옥수수수염 1줌, **볶은 옥수수 알** 20g, **물** 2L

How to make

1 옥수수수염은 깨끗하게 씻어 잘 말린 것으로 준비한다.

2 옥수수수염과 볶은 옥수수 알에 물을 부어 끓인다.

3 센 불에서 끓이다가 부르르 끓으면 약한 불로 줄여 30분 정도 더 끓인다.

옥수수에는 혈관을 깨끗하게 하는 오메가 6와 토코페롤이 들어있다. 옥수수 알맹이와 함께 끓이면 영양도 보충되고 맛도 더 구수하다.

#06

성인병을 예방하는 차

고혈압, 당뇨병, 암…
중장년에게 흔한 질환을 예방해요

몸에 노폐물과 지질의 일종인 콜레스테롤, 중성지방이 많아 생긴
고지혈증, 그로 인한 고혈압과 동맥경화, 당뇨병 등은 50대 이상
의 중장년에게 어느새 흔한 질병이 되었어요. 이러한 성인병은 식
습관 개선과 운동 등을 통해 완치는 아니더라도 확실히 호전되는
효과를 볼 수 있답니다. 혈액을 맑게 하고 디톡스 기능이 뛰어난
약차를 꾸준히 마시면 각종 성인병의 예방과 개선에 도움이 돼요.

여주차
뽕잎차
가시오가피차
개똥쑥차

여
주
차

먹는 인슐린이라 불려요

도깨비 방망이처럼 독특한 생김새를 가진 여주는 쓴맛이 나는 오이라는 뜻으로 표면의 돌기가 오이보다 울퉁불퉁하게 튀어나와 있다. 쓴맛으로 열을 내리고 시원한 맛으로 갈증을 풀어주는데, 특히 식물성 인슐린이 많아 당뇨병을 앓는 사람들에게 좋다고 알려져 있다. 집에서 직접 볶아 차를 끓이면 맛과 향이 구수하고 씁쌀한 뒷맛이 있어 평소에 물 대용으로 마시기 좋다.

생 여주는 요리에도 쓴다. 볶아서 반찬으로 먹기도 하고, 설탕과 섞어 효소를 만들거나 과일과 요구르트를 더해 주스를 만들어 마셔도 좋다. 또한 여주를 썰어 얼굴에 붙이면 얼굴의 열을 식혀 피부미용에도 효과가 있다.

Ingredient

여주 10g, **물** 2L

How to make

1 생 여주를 잘게 썰어 건조기에 말리거나 채반에 넣어 바람이 잘 통하는 곳에서 바싹 말린다. 말린 여주를 구입해도 된다.

2 마른 여주를 물에 넣고 끓인다. 끓어오르면 불을 줄이고 10분 정도 더 우려낸다.

뽕
잎
차

중풍을 예방해요

누에에게 뽕잎을 먹이는 이유는 뽕잎에 단백질이 많아 건강한 실을 뽑을 수 있기 때문이다. 또한 뽕잎에 들어있는 가바 성분은 혈압을 낮추고 피를 맑게 해 동맥경화, 중풍, 심혈관질환을 예방한다. 고혈압 외에 신경통에도 효과가 있으며 폐질환으로 인한 기침과 기관지염을 다스리기도 한다. 눈을 맑게 하고 부기를 빼는 효능도 있다. 단, 이뇨작용이 있으므로 하루 2잔 이내로 마시는 것이 좋다.

뽕잎은 비타민 B1과 C, 철분 외에 25종의 아미노산이 함유된 영양식품이다. 단백질 성분이 많아 끓여놓으면 다른 차보다 빨리 쉬므로 매일 마실 만큼만 끓인다.

Ingredient

말린 뽕잎 15g, **쿨** 3컵

How to make

1 말린 뽕잎과 물을 찻주전자에 넣고 중불에서 한참 끓인다.
2 양이 반으로 줄면 체에 걸러 맑은 물만 찻잔에 따른다.

가시오가피차

혈당 수치를 내려줘요

가시오가피는 다양한 효능이 있어 예부터 약용으로 사용되어왔다. 중추신경을 흥분시켜 피로 해소를 돕고, 신진대사를 원활하게 하며, 정력 감퇴나 기억력 상실 등에 효과를 보인다. 그밖에 허리나 다리의 골격이 약해 통증이 있을 때, 허리가 부실해 보행 장애를 일으킬 때도 유용하게 쓰인다. 특히 혈당치를 내리고 혈액 속의 백혈구를 늘리는 것으로 유명하다. 고혈압, 중풍 같은 당뇨병 합병증이나 신경통에도 효과가 있다.

당뇨병으로 인해 고혈압, 심근경색 등의 합병증이 왔을 때는 가시오가피에 당귀나 영지를 섞어서 달여 마시는 것이 좋다. 이때 당귀나 영지의 양은 가시오가피의 1/3 정도가 적당하다.

Ingredient

가시오가피 15g, **물** 3컵

How to make

1　가시오가피와 물을 찻주전자에 넣고 중불에서 20분 정도 끓인다.
2　충분히 우러나면 가시오가피를 체로 걸러내고 물만 찻잔에 부어 마신다.
　이것을 하루 분량으로 해서 3번에 걸쳐 나눠 마신다.

개똥쑥차

항암 효과가 뛰어나요

개똥쑥은 손으로 뜯어서 비벼보면 개똥 냄새가 난다고 하여 이름이 붙었다. 각종 항산화 물질과 아미노산이 풍부해 항암 효과가 탁월하다고 알려져 있으며, 중국의 의사가 개똥쑥의 성분으로 말라리아 치료제를 개발해 노벨 생리의학상을 수상한 이후 더욱더 각광받고 있다. 개똥쑥은 아토피성 피부염 등의 피부질환에도 좋아 화장품의 원료로 쓰이는 등 다양하게 활용된다. 차를 끓이면 효능이 진하게 농축되어 몸에 좋은 영향을 끼친다.

어리고 연한 개똥쑥을 구해서 깨끗이 다듬어 씻은 다음 채반에 널어 햇볕에 바짝 말린다. 이것을 물에 달여 마시거나 분쇄기에 곱게 갈아 뜨거운 물에 타서 마신다.

Ingredient

말린 개똥쑥잎 15g, **생강** 1쪽, **꿀** 조금, **물** 3컵

How to make

1 모든 재료를 찻주전자에 넣고 중불에서 20분 정도 끓인다.

2 물이 끓으면 불을 약하게 줄여 좀 더 우린 뒤 체에 거른다.

3 찻잔에 붓고 꿀을 넣어 마신다.

#07

정신 건강에 좋은 차

스트레스, 불면증에서 해방!
심신을 안정시켜요

스트레스가 심해지면 잠을 잘 이루지 못하는 불면증, 역류성 식도
염, 신경성 위염 등의 신체적 증상이 나타나기도 합니다. 심해지면
우울증, 강박증 등 다양한 정신적 질환으로 이어지기도 하죠. 따뜻
하고 향긋한 차 한 잔은 심신에 안정감을 줄 뿐 아니라 실질적으로
정신을 맑게 해줘요. 심리적 안정에 도움을 주는 약차 한 잔의 힘
을 경험해보세요.

오미자차
박하차
상추차
우롱차

오미자차

머리가 맑아져요

다섯 가지 기본 맛을 다 가지고 있어서 이름 붙은 오미자는 뇌파를 자극하는 성분이 있어 정신을 이완시키고 머리를 맑게 한다. 집중력과 기억력을 높이므로 밤늦게까지 공부하는 수험생이나 머리를 많이 쓰는 직종에 있는 사람에게 좋다. 또한 시고 떫은맛이 기관지를 수축시켜 만성 기관지확장증 환자의 기침과 천식에 효력이 있으며, 폐 기능을 강화해 잔기침이나 가래, 만성 기관지염, 인후염, 편도선염에 좋다. 입이 타는 듯한 심한 갈증도 오미자차를 마시면 해소된다.

Ingredient

오미자 15g, **설탕** 조금, **물** 3컵

How to make

1 선명한 붉은빛을 띠는 오미자를 준비해 물에 씻어 건진다.

2 물을 팔팔 끓이다가 오미자를 넣고 빛깔이 충분히 우러날 때까지 끓인다.

3 분홍 빛깔이 충분히 우러나면 불을 끈 뒤, 오미자는 체에 걸러내고 설탕을 취향껏 타서 먹는다. 오미자는 꿀을 타면 빛깔이 칙칙하게 변하므로 설탕을 타는 것이 좋다.

오미자를 고를 때는 선명한 붉은빛을 띠는 것을 고른다. 검붉은 것은 중국산일 가능성이 많으므로 주의한다.

오미자청 만들기

❶ 오미자와 설탕을 동량으로 준비한다.

❷ 오미자를 깨끗이 씻는다. 까만 이물질이 묻어있는 알맹이가 있으므로 여러 번 씻는 것이 좋다.

❸ 물기를 충분히 뺀 오미자와 설탕을 밀폐용기에 켜켜이 담는다.

❹ 그대로 시원한 곳에 보관했다가 100일 후 오미자 알맹이를 걸러내고 즙만 따로 모아 사용한다.

박
하
차

상쾌한 향기가 스트레스를 날려요

박하는 맛이 매우면서도 시원한 느낌이 들어 치약이나 잼, 사탕, 화장품 등에 많이 쓰이는 식물이다. 감기 증상과 비슷하면서 눈, 코, 입, 인후 등 몸의 위쪽에 염증이 나타나는 풍열을 없애므로 코감기나 두통, 눈 충혈, 인후통, 어깨결림 등에 효과가 있다. 특히 스트레스나 피로로 머리가 뜨거워지는 느낌이 있을 때 박하차를 마시면 좋다. 다른 약차와 달리 박하는 생잎을 그대로 끓여 마시는 것이 향과 맛이 더 개운하다.

Ingredient

박하 20g, **물** 2L

How to make

1 박하의 잎을 물에 헹군 뒤 찻주전자에 물과 함께 넣어 끓인다.
2 끓어오르면 약한 불에서 30분 정도 우려 마신다.

박하차를 마신 후 찌꺼기는 물에 섞어 세안하거나 목욕물로 활용하면 좋다. 소염 성분이 여드름이나 피부염증을 진정시킨다. 또한 박하에 올리브오일을 붓고 숙성시켜 박하오일을 만들어서 코 양옆에 바르면 피부를 통해 박하의 멘톨 성분이 흡수되어 폐 건강에 도움을 준다.

상추차

불면증을 없애줘요

상추는 먹으면 잠이 온다는 속설이 있는데 사실이다. 상추에는 세로토닌과 락토가리움이라는 성분이 들어있어, 많이 먹으면 잠이 오고 심신이 안정되면서 스트레스, 통증, 불면증, 두통 등이 완화되는 효과가 있다. 성질이 찬 채소라서 몸에 열이 많은 사람이 먹으면 더 좋다. 맛도 구수한 녹차의 맛이라 누구나 편안하게 즐길 수 있다. 잠자리에 들기 전에 마시면 도움이 된다.

Ingredient

말린 상추 5g, **물** 1컵

How to make

1 상추를 깨끗이 씻어 말린 뒤, 약한 불에 타지 않을 정도로 덖는다.

2 덖은 상추는 충분히 식힌다. 식힌 상추를 잘게 부숴 가루를 내도 좋다.

3 찻잔에 ②를 넣고 70℃ 정도의 물을 부어 10분간 우린 뒤,
   상추는 걸러내고 찻물을 마신다.

상추는 수분이 많은 채소라 한 상자를 건조하면 130g 정도가 나온다. 티백으로 된 제품을 판매하지만, 집에서도 잘 씻어 말려 볶은 뒤 가루를 내어 상추차를 만들 수 있다.

우
롱
차

우울증을 예방해요

우롱차는 녹차와 홍차의 중간 성질을 가진 반발효차로, 혈중 콜레스테롤과 중성지방을 줄이는 데 뛰어난 효능이 있다고 알려져 있다. 폴리페놀 성분이 많아 강력한 항산화작용으로 활성산소를 없애고, 세포 조직의 재생을 촉진해 노화 방지에도 도움을 준다. 특히 스트레스를 해소하고 신경을 이완시켜 심신을 안정시키므로 우울증을 예방하는 효과가 있다. 우롱차는 너무 뜨거운 물에 우릴 경우 쓴맛이 날 수 있다. 여름에는 찬물에 4시간 정도 우려 시원하게 마셔도 좋다.

Ingredient

우롱찻잎 3g, **물** 250mL

How to make

1 예열한 찻주전자에 1작은술 정도의 찻잎을 넣고 뜨거운 물을 붓는다.
2 3분 정도 우려 마신다.

우롱차는 티백으로 많이 나와있지만, 찻잎으로 차를 마시면 한결 더 진하고 구수한 향과 맛을 느낄 수 있다.

#08

남자들이 마시면 좋은 차

탈모를 예방하고 기력 보강까지!
남자들에게 좋아요

보통 남자들은 물이나 차를 여자들만큼 많이 마시지 않죠. 수분 보충은 노폐물 배출과 혈액순환을 위해 꼭 필요합니다. 특히 평소 외식이 잦고 술과 담배를 즐기는 사람이라면 더더욱 몸이 수분을 필요로 하죠. 따뜻한 차를 꾸준히 마시기만 해도 몸이 가벼워지고 건강한 생활을 할 수 있어요. 남자들에게 많이 오는 질병에 도움 되는 약차로 건강 관리하세요.

헛개나무열매차
복분자차
칡차
하수오차

헛개나무열매차

지친 간을 튼튼하게 해요

헛개나무의 효능 중 가장 널리 알려진 것이 숙취 해소다. 간을 튼튼하게 하고, 간세포를 재생한다. 피로를 푸는 효능이 있고, 근육이 심하게 뭉치거나 아플 때 헛개나무를 달여 마시면 증상이 완화되며, 관절염에도 좋다. 헛개나무 가지만 끓이기보다 열매를 구해 함께 끓이면 더 좋은 효과를 기대할 수 있다. 맛은 구수한 편이라 은은하게 끓여 물처럼 마셔도 좋다.

Ingredient

헛개나무 열매 30g, **헛개나무 가지** 20g, **물** 1L

How to make

1 헛개나무 가지와 열매를 흐르는 물에 씻어 물기를 뺀다.
2 물에 넣고 끓이다가 끓어오르면 약한 불로 줄여 30분 정도 더 끓인다.

헛개나무 열매와 가지는 요리에 사용해도 좋다. 땀을 많이 흘리거나 기운이 떨어질 때 주로 먹는 삼계탕에 헛개나무를 같이 넣어 끓이면 닭에서 나오는 잡냄새가 줄고 효능이 더해진다.

복분자차

만성 피로를 풀고 기력을 보강해요

복분자는 성질이 순하고 따뜻하며 독이 없고 맛은 달고 시다. 항산화작용이 뛰어나 동맥경화
와 혈전을 예방하고 기력 보강, 노화 방지에 탁월한 효능이 있다. 복분자에 함유된 비타민 A
는 시력을 좋게 하고 눈의 피로를 풀어준다. 각종 미네랄이 풍부하고 항산화 기능이 있어 만
성 피로에 시달리는 직장인들에게 좋다.

Ingredient

말린 복분자 3g, **물** 1컵

How to make

1 말린 복분자를 준비한다.
2 팔팔 끓인 물에 복분자를 넣고 10분 정도 우린 뒤, 알맹이는 건져내고 차를 마신다.

복분자주 만들기

❶ 복분자와 설탕을 3:1 비율로 섞어 치댄다.
❷ ①을 잘 섞은 뒤 유리병에 담아 3일 정도 숙성시킨다.
❸ 숙성되면 술을 복분자 열매와 1:1 비율로 붓는다.
❹ 100일 뒤에 건더기를 걸러내고 즙만 따로 모아 사용한다.

칡
차

숙취 해소에 탁월해요

칡은 속의 열을 풀고 땀을 내며 갈증과 두통, 요통, 변비를 예방한다. 숙취 해소 효과도 있어 음주 후 칡즙이나 칡차를 마시면 갈증이 사라지고 술독이 풀린다. 또한 경련이 일어나 뒷목이 뻣뻣하고 목을 움직이지 못하는 증상이나 목과 등에 오는 통증을 막는 작용이 있어 장시간 컴퓨터를 사용하는 학생과 직장인들에게도 좋다.

Ingredient

말린 칡뿌리 15g, **생강** 1쪽, **꿀** 조금, **물** 3컵

How to make

1 썰어서 말린 칡뿌리 15g과 생강 1쪽을
   준비한다.

2 생강은 껍질을 벗기고 깨끗이 씻어 얇게
   저민다.

3 준비한 칡뿌리와 생강을 한데 넣고
   물 3컵을 부어 은근한 불에서 끓인다.

4 먹기 직전에 꿀을 타서 마신다.

칡가루 만들기

❶ 칡을 깨끗이 씻어 적당한 크기로 자른 뒤, 결대로 찢어 채반에
   펼쳐놓고 서늘한 곳에서 말린다.

❷ 바짝 마르면 분쇄기에 곱게 갈아 밀폐용기에 담아두고 필요할
   때마다 꺼내어 쓴다.

하수오차

머리가 풍성하고 까매져요

하수오(何首烏)라는 이름은 '어떻게 머리카락이 까마귀처럼 검은가'라는 뜻을 가지고 있다. 이름처럼 노화로 머리가 세고 많이 빠지는 사람들에게 원기를 회복시키고 검은 머리로 되돌려주는 항노화의 대표 약재라고 할 수 있다. 하수오는 일반적으로 적하수오를 말한다. 하수오를 우리면 연한 적갈색의 찻물이 우러나오는데, 빛깔도 곱고 맛도 깊어서 오랫동안 꾸준히 마시기에 좋다.

Ingredient

하수오 10g, **물** 1L

How to make

1 하수오를 깨끗하게 씻은 뒤 물을 부어 센 불에서 끓인다.

2 끓어오르면 약한 불로 줄여 30분간 더 끓인다.

하수오차는 변비를 개선하는 효능이 있지만 지나치게 마시면 설사를 일으킬 수 있다. 평소 설사가 잦은 사람은 주의해서 마신다.

#09

갱년기 여성을 위한 차

기초대사량이 줄고 호르몬 변화가 오는
중년 여성의 건강을 책임져요

갱년기란 단어만 들어도 괜히 기운이 빠져요. 하지만 갱년기의 갱
(更)은 새롭게 바뀐다는 뜻이잖아요. 나이가 들어 몸과 정신이 새
롭게 다시 태어난다고 생각하면 어떨까요. 이 시기에는 골밀도가
낮아져 골다공증이나 관절질환이 오기도 하고, 얼굴이 달아오르
고 땀이 나거나 가슴이 두근거리기 쉬워요. 또한 냉증으로 인한 혈
액순환 장애가 많이 생기죠. 갱년기 여성들의 몸에 보약이 되는 좋
은 차를 소개합니다.

\# 백하수오차
\# 계피차
\# 당귀산사차
\# 석류차

백
하
수
오
차

허약한 여성의 원기를 보충해요

백하수오는 〈동의보감〉에 간과 신장을 보호하고 혈기를 보태며 늙지 않게 하고 수명을 늘린
다고 기록되어있다. 소화기를 강화하고 자양강장과 보혈의 효능이 있어, 오랜 병으로 몸이
쇠약해지는 것을 막고, 대소변이 시원치 않거나 성 기능이 약할 때 효과를 발휘한다. 특히 여
성호르몬이 줄어드는 갱년기에 호르몬의 균형을 잡는 역할을 한다. 백하수오차를 꾸준히 마
시면 안면홍조, 불면증, 신경과민, 관절통과 근육통 등이 개선된다.

Ingredient

백하수오 20g, **물** 1L

How to make

1 백하수오를 물에 담가 6시간 정도 불린다.

2 약한 불에서 1시간 정도 달인다.

갱년기 여성에게 나타나는 여러 증상을 완화한다고 알려져 백하수오즙이 인기다. 몸이 차고 기력이 약한 여성에게는 적합하지만, 열이 많고 체중이 많이 나가는 사람은 피하는 것이 좋다.

계
피
차

혈액순환이 잘 돼요

계피는 후추, 정향과 함께 세계에서 가장 많이 쓰는 3대 향신료다. 향이 맵고 자극적이라 향신료나 약재로 많이 쓴다. 계피는 중추신경에 작용해 머리를 맑게 하고 신경을 안정시키며 두통을 가라앉힌다. 혈액순환을 좋게 해 각종 순환계 질환이나 수족냉증, 신경통을 개선하며, 식은땀을 멎게 해 감기나 한기, 해열 등에도 효과가 있다. 소화기 계통에도 좋은 작용을 해 위장을 튼튼하게 하고 장의 연동운동을 촉진해 가스를 배출한다.

Ingredient

계피 3개, **꿀** 조금, **잣** 조금, **물** 1L

How to make

1 중간 크기의 계피 3개를 준비해 물에 한 번 헹군 뒤, 물을 붓고 중불에서 1시간 정도 끓인다.

2 계피 향이 충분히 우러나면 계피와 찌꺼기를 걸러내고 식혀서 깨끗한 병에 담는다.

3 한 잔씩 덜어 차게 또는 따뜻하게 데워 마신다. 먹기 직전에 꿀을 넣고 잣을 띄운다.

계피와 생강을 같은 양씩 넣고 물을 부어 끓인 다음, 설탕으로 단맛을 내고 곶감을 띄운 것이 수정과다. 겨울에는 따뜻하게, 여름에는 시원하게 마시면 머리가 맑아진다.

당귀산사차

혈액을 보충하고 어혈을 풀어줘요

〈동의보감〉에 당귀는 혈액으로 인한 질환과 허로를 낫게 하고, 나쁜 피를 없애면서 새로운 피가 생기게 하며, 오장을 보강하고 어혈이 속에 뭉친 것을 낫게 한다고 나와 있다. 혈관을 확장하고 혈압을 내리는 작용이 있어 어혈 때문에 팔다리가 저리거나 심혈관질환이 걱정되는 사람이 당귀차를 마시면 좋다.

Ingredient

말린 당귀 20g, **산사** 20g, **물** 2L

How to make

1 말린 당귀와 산사를 물에 깨끗이 씻은 뒤,
   물을 붓고 중불에서 끓이다가
   약한 불로 줄여 오래 끓인다.
2 물이 반으로 줄면 체에 걸러 잔에 따르고
   꿀을 넣어 마신다.

당귀와 작약을 달여 하루 2~3회
마시면, 식은땀이 나거나 숨이 찬
증상이 개선되고, 허리와 다리가
시큰하고 아픈 증상이 완화된다.

석류차

골다공증과 부인병을 예방해요

갱년기 여성에게 특히 좋다고 알려진 석류는 양귀비와 클레오파트라가 피부를 젊게 유지하기 위해 즐겨 먹었다는 과일이다. 과육이 새콤달콤하고 향이 뛰어나 요리와 차에 많이 쓰인다. 석류는 고혈압과 동맥경화를 예방하고, 부인병과 부스럼에 효과가 좋으며, 갱년기 증상과 골다공증 완화에 도움을 준다. 혈관 건강과 지방 제거, 원기회복을 돕는 강장 차로 설사, 복통이 있을 때 마셔도 좋다. 석류청을 만들어 따뜻한 차로 마셔도 좋고, 시원한 물에 타서 여름 음료로 마셔도 좋다.

Ingredient

석류 50g, **설탕 또는 꿀** 50g, **물** 1컵

How to make

1 석류를 껍질째 깨끗이 씻어 물기를 빼고 반으로 나눈다.
2 과육을 손으로 알알이 뜯어 그릇에 담고 껍질은 큼직하게 뜯어놓는다.
3 석류 껍질과 과육을 설탕에 잰다.
4 설탕에 재어둔 석류를 소독한 유리병에 담고 밀봉하여 7일간 냉장 보관한다.
5 숙성된 석류청 3큰술을 뜨거운 물에 타서 마신다.

석류청은 알맹이뿐 아니라 껍질도 깨끗이 씻어 함께 넣고 만드는 것이 효과가 더 좋다. 석류에는 알칼로이드와 타닌산 등이 함유되어있으므로 하루에 2~3잔을 초과하지 않는다.

#10

성장기 아이들에게 좋은 차

집중력 높이고 체질 개선까지
몸도 두뇌도 쑥쑥 자라요

아이들이 무슨 차를 마시나 싶겠지만, 몸과 두뇌가 성장하는 중요
한 시기의 아이들이야말로 각종 미네랄과 영양소가 풍부한 수분
을 듬뿍 섭취해야 하죠. 청량음료나 얼음물, 주스 등을 달고 사는
아이라면 특히 더 몸에 좋은 차로 식성과 체질을 바꿀 필요가 있어
요. 차를 마시면 아이들의 만성 피로를 풀고 집중력을 높이며 알레
르기를 개선하는 데 도움이 된답니다.

산수유차
느릅나무껍질차
결명자차
연근차

산수유차

야뇨증을 없애고 골격을 튼튼하게 해요

이른 봄, 노란 꽃이 피는 산수유는 꽃도 예쁘지만 새콤하면서 떫은맛이 나는 열매가 다양한 효능을 지니고 있어 한방 약재로 자주 이용된다. 생것보다 말린 것이 약효가 더 좋으므로 말린 것을 준비해 한약을 달이듯이 오래 끓여 마신다. 산수유는 성질이 따뜻해 자양강장 효과가 뛰어나며, 허약한 신장을 튼튼하게 해 야뇨증이 있는 아이들에게 좋다. 칼슘 성분이 풍부해 성장기 아이들의 골격 형성에도 도움을 준다.

Ingredient

말린 산수유 15g, **물** 3컵

How to make

1 산수유를 물에 가볍게 씻는다.

2 찻주전자에 산수유를 넣고 물을 부어 중불에서 팔팔 끓이다가 약한 불로 줄여 은근히 끓인다.

3 물이 반으로 줄어들면 산수유를 체로 건져내고 물만 찻잔에 따라서 꿀을 넣어 마신다.

산수유를 말려서 사용하면 특유의 효능을 잘 살릴 수 있다. 깨끗이 씻어 씨를 빼고 햇볕에 70% 정도 말린 뒤, 술에 담갔다가 다시 햇볕에 완전히 말린다.

느릅나무 껍질차

비염과 알레르기를 개선해요

뿌리가 물에 닿으면 진득한 진액이 나온다고 해서 일명 코나무라고 알려진 느릅나무. 느릅나무 껍질(유근피)은 한방 약재로 많이 쓰일 정도로 비염이나 축농증, 알레르기에 효과가 좋다. 염증성 질환 예방과 이뇨작용 효과가 있어서 노폐물 배출도 잘 된다. 진하게 우린 차는 누룽지 맛이 날 정도로 구수해 아이들도 무난하게 마실 수 있다.

Ingredient

말린 느릅나무 뿌리 껍질 10g, **물** 2L

How to make

1 느릅나무 뿌리 껍질을 흐르는 물에 씻어
   물을 붓고 끓인다.

2 끓어오르면 약한 불로 줄여 1시간 이상
   뭉근하게 끓인다.

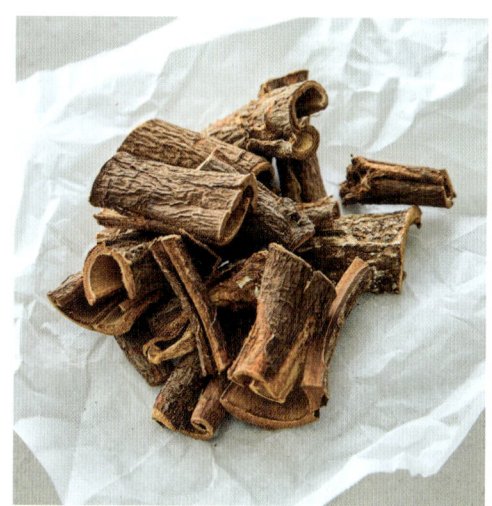

느릅나무껍질차는 보리차처럼 한꺼번에 많이 끓여놓고 물처럼
마실 수 있다. 저녁때나 식후에는 따뜻하게 데워 마시고, 평소에
는 식혀서 냉장 보관했다가 물처럼 마신다. 한 번 우려낸 건더기
를 다시 한번 우려 마셔도 좋다.

결명자차

눈이 밝고 시원해져요

결명자차는 이름부터 눈을 밝게 한다는 뜻이어서 '눈 밝히는 차'로 알려져 있다. 급격하게 성장하는 아이들은 시력이 갑자기 나빠지는 경우가 많은데, 결명자차를 자주 마시면 눈 건강에 도움이 된다. 또한 성질이 차서 눈에 열이 자주 오르거나 충혈이 잘 되는 경우 열을 내려 눈을 밝게 해준다. 피곤하면 눈이 뻑뻑해지고 안구건조증이 생기며 눈곱이 자주 끼는 사람에게도 좋다.

Ingredient

결명자 1큰술, **물** 1L

How to make

1   결명자를 팬에 넣어 약한 불에서 고소한 냄새가 날 때까지 볶는다.

2   물 1L에 볶은 결명자 1큰술을 넣고 끓인다.

3   물이 끓기 시작하면 약 20분간 더 끓인다.

기력이 약해서 눈이 침침해지는 사람들에겐 결명자차가 오히려 해가 될 수도 있다. 대변을 묽게 하는 작용이 있어 속이 냉하거나 설사가 잦은 사람도 피해야 한다.

연근차

구수해서 아이들이 잘 마셔요

연근에 풍부한 비타민 C가 감기와 기침, 가래를 가라앉힌다. 특히 철분과 비타민 B2, 타닌 성분이 풍부한데, 연근에 들어있는 철분과 타닌은 소염작용이 뛰어나 점막 조직의 염증을 가라앉혀 위궤양이나 십이지장궤양, 코피에 뚜렷한 효과를 발휘한다. 신경의 피로를 푸는 작용이 있어 밤에 잠을 잘 이루지 못하는 아이들이 따뜻하게 마시면 숙면에 도움이 된다.

Ingredient
말린 연근 10조각, **물** 1L

How to make

1 연근을 깨끗이 씻어 0.5cm 두께로 썬 뒤, 식초를 탄 물에 담가 떫은맛을 없앤다.

2 끓는 물에 살짝 데쳐 물기를 빼고 말린다.

3 팬을 기름 없이 달군 뒤, 말린 연근을 약한 불에서 타지 않을 정도로 살짝 볶는다.

4 물을 팔팔 끓인 뒤 연근을 넣고 약한 불로 줄여 10분간 더 끓인다.

1

3

눈, 코, 입으로 세 번 즐기는
꽃차

향, 맛, 멋에
취하고

건강까지
챙겨요

사계절 꽃으로 만든 향기로운 차

꽃차는 말 그대로 꽃으로 만든 차이다. 사계절 피는 식용 꽃의 꽃, 잎, 줄기, 가지, 열매, 뿌리를 가지고 각 식물의 특성에 따라 법제(제다) 과정을 거쳐 꽃 고유의 색과 향, 맛을 즐길 수 있게 한 것이다. 법제란 식물이 가진 독성을 제거하는 일을 말한다. 식물을 식초, 술, 소금 등을 넣어 살짝 찌거나 팬에 굽거나 기름 없이 볶아내는 등 여러 가지 방법이 있으며, 꽃이 지닌 각각의 특성에 맞는 방법을 사용한다.

저마다 다른 색, 향, 맛의 매력

꽃차에는 세 가지 맛이 있다. 눈으로 보는 차의 색, 코로 느끼는 차의 향, 입으로 즐기는 차의 맛이다. 만드는 과정에서 균형을 잃은 꽃차는 이 세 가지 맛을 갖지 못한다. 특히 색과 향만 있고 맛을 갖지 못한 차가 많다. 싱겁고 밍밍하거나 잡맛이 많이 나거나 뒷맛이 텁텁한 경우다. 좋은 꽃차는 찬물에 담가 오랫동안 우려내도 그 매력이 여전하다.

삶에 여유를 주는 꽃차 테라피

아름다운 색감과 매력적인 향기, 본연의 약성으로 몸과 마음을 편안하게 하는 꽃차는 다양한 치료요법으로도 활용된다. 꽃의 영양성분은 우리 몸을 이롭게 하고, 향기는 혈관을 이완시켜 스트레스를 풀어주며, 우울한 감정을 해소하는 데 도움을 주기도 한다. 또한 꽃차를 우렸을 때 나오는 다채로운 색은 기분을 상쾌하게 하고 심신을 정화하는 역할을 한다. 질병을 직접 치료하는 것은 아니지만, 스트레스에 노출되어있는 현대인의 심리적 안정과 우울감 해소에 도움이 된다.

02

꽃차,
이렇게 마시면 맛있어요

경도가 낮은 연수로 우린다

차의 맛은 사용하는 물에 따라 큰 차이가 난다. 칼슘이나 망간 등의 광물질이 함유된 물에 우리면 침전물이 생겨 차가 혼탁해지고, 염소가 많이 녹아 있는 경우에도 차의 맛과 향이 크게 달라진다. 꽃차를 우리는 데는 경도가 낮은 연수가 적당하다. 깨끗한 샘물, 정수된 물, 수돗물 등이 해당된다. 수돗물은 물이 끓기 시작하면 주전자 뚜껑을 열고 1~3분 더 끓여 염소를 휘발시킨 후 찻물로 사용하는 것이 좋다.

팔팔 끓는 물로 우려야 풍미가 좋다

꽃차는 일반적으로 홍차를 우릴 때의 온도와 비슷한 90~100℃의 팔팔 끓는 물로 우려낸다. 이때 점핑이라고 하는 대류현상이 일어나 꽃잎이 뜨거운 물과 함께 찻주전자 속을 회전하면서 풍미가 좋아진다. 높은 온도로 차를 우리면 꽃잎이 활짝 피어나고 꽃의 단맛 성분과 꿀이 많이 우러나온다.

우리는 시간이 맛을 결정한다

차를 우리는 시간은 꽃마다 다르다. 떫은맛이 우러나지 않으면서 덖음 꽃차만이 지닌 특유의 향과 맛을 충분히 살릴 수 있는 시간을 찾아내야 한다. 보통 꽃잎차를 우리는 시간은 30초~1분 정도가 적당하다. 이렇게 한 번 우려낸 꽃차는 같은 방법으로 두세 번 더 우려 마실 수 있다.

차를 많이 우려 찻잔에 따르고 남는다면 다른 다기에 옮겨 놓는 것이 좋다. 찻주전자에 그대로 두면 차가 너무 진해지고 재탕할 경우 맛이 떨어진다.

유리잔에 마시면 더 즐겁다

꽃차를 마시는 다기가 정해져있지는 않지만, 유리잔
이나 흰색 다기를 쓰면 예쁜 색감의 꽃차를 눈으로도
즐길 수 있어 차를 마시는 자리가 더 즐거워진다. 꽃차
는 뜨거운 물에 충분히 우린 후 꽃잎을 건져내고 마시
는 게 좋으므로 거름망이 있는 찻잔을 사용하면 더 편
하다.

눈, 코, 입으로 세 번 마신다

꽃차를 마실 때는 우리기 전에 먼저 꽃잎의 모양을 감
상하고, 차가 우려지는 동안 꽃잎의 변화를 관찰한다.
차가 다 우러나면 꽃차의 수색을 음미하며 눈으로 충
분히 즐긴다. 색과 형태로서의 꽃차를 경험하는 방법
이다. 차를 우리고 마시는 동안 코로 꽃차의 그윽한 향
취를 느끼며 향으로서의 꽃차를 만나는 것도 꼭 필요
한 과정이다. 마지막으로 혀끝으로 꽃차를 느끼고, 입
속에 차를 살포시 머금어 천천히 굴려본다.

디톡스 워터로 즐긴다

꽃차 본연의 맛을 즐기고 싶다면 뜨거운 물에 우려 마
시는 게 좋지만, 디톡스 워터로 자주 마시고 싶다면 차
갑게 우려 마시는 게 편하다. 텀블러나 밀폐 용기에 적
정량의 꽃차를 넣고 찬물을 부어 우린다. 향미가 살아
나도록 얇게 저민 레몬 1/2조각을 넣어도 좋다. 차갑
게 우린 꽃차는 우리기 시작한 시점부터 23시간 안에
모두 마셔야 한다.

03

꽃차를 마시기 전에
알아야 할 것들

먹을 수 있는 꽃이 따로 있다

꽃차는 안전성을 인정받은 꽃으로만 만들 수 있으며, 알레르기를 유발하는 등 독성이 있는 꽃은 사용량을 제한하거나 아예 쓰지 못한다. 식용 꽃으로 널리 알려진 진달래도 수술에 약한 독성이 있기 때문에 반드시 꽃술을 제거하고 꽃잎만 깨끗한 물에 씻어 먹어야 한다. 특히 비슷하게 생긴 철쭉꽃은 그레이아노톡신이라는 독성 물질이 있으므로 절대 먹어서는 안 된다.

꽃에 따라 먹을 수 있는 부분이 다르다

현재 식약처가 인정한, 식품에 사용할 수 있는 꽃은 293종이다. 이중 꽃을 포함해 전체를 사용할 수 있는 식물은 109종, 지상부만 사용할 수 있는 식물은 7종, 꽃만 사용 가능한 식물은 149종, 꽃봉오리까지 사용 가능한 식물은 11종, 꽃잎만 사용할 수 있는 식물은 17종이다. 목련꽃, 장미꽃, 해바라기꽃, 찔레나무꽃, 참나리꽃 등은 꽃잎만 사용할 수 있고 개망초, 고마리, 비비추, 조팝나무, 초롱꽃, 도라지꽃, 애기똥풀꽃 등은 꽃 부분을 모두 사용할 수 없다. 안심하고 사용할 수 있는 꽃은 국화, 금잔화, 라벤더, 로즈메리, 복숭아꽃, 맨드라미 등이다.

꽃차에 대한 반응은 개인차가 있다

식약처가 안전성을 인정한 꽃이 아니라고 해서 그 꽃으로 차를 우려 마시면 반드시 인체에 해가 있다고 할 수는 없다. 하지만 개인에 따라 미량의 독성에도 민감하거나 알레르기 반응을 일으킬 수 있기 때문에 신중해야 한다. 꽃차에 사용할 수 있는 꽃은 식약처 누리집(www.mfds.go.kr) 또는 식품안전나라(www.foodsafety.go.kr)에서 확인할 수 있다.

04

꽃차,
어디서 살까요?

식용 꽃, 꽃차를 검색한다

청정 지역에서 꽃을 키우거나 채취해 꽃차를 직접 만들면 가장 좋겠지만 쉽지 않
은 일이다. 요즘은 요리와 음료의 재료나 데커레이션용으로 쓰는 식용 꽃과 가공
된 꽃차가 많이 나와 있어 원하는 것을 구하기가 쉽다. 온라인 쇼핑몰을 이용하면
편하다. 각종 포털 사이트에서 '식용 꽃' 또는 '꽃차'를 검색하면 많은 쇼핑몰이
나온다. 대부분 직접 꽃 농장을 운영하거나 꽃차 전문가들이니 믿고 사도 좋다.

온라인 커뮤니티를 활용한다

꽃차에 관심을 갖는 사람들이 많아지면서 온라인 커뮤니티도 다수 등장했다. 이
런 커뮤니티에 들어가 보면 꽃차에 대한 이론은 물론이고 구입처, 차를 마시는 방
법, 다기 정보까지 필요한 정보를 어렵지 않게 얻을 수 있다. 꽃차뿐 아니라 약초
나 산야초를 주제로 한 커뮤니티에도 꽃차에 대한 정보가 많다. 좋은 제품을 찾아
발품을 팔 듯 온라인 공간에서도 나에게 맞는 커뮤니티를 찾아볼 필요가 있다.

꽃차를 살 수 있는 사이트

••• 다화랑 smartstore.naver.com/dahwarang
직접 채취해서 덖은 꽃으로 만든 프리미엄 수제 꽃차를 취급한다. 꽃차를 소량으로 구입할 수 있고,
계절에 따라 블렌딩된 제품도 판매한다.

••• 쌍계명차 www.sktea.com
지리산 자락 하동에서 오랫동안 차를 연구해온 명인이 만든 다양한 약차와 꽃차를 판매한다. 계절별
수확달력이나 덖음차 제조과정 등이 자세히 소개되어있어 차 문화에 대해서도 배울 수 있다.

••• 우리꽃연구소 smartstore.naver.com/cconlab_official
2006년 설립된 꽃차 전문기업. 다양한 꽃차를 볼 수 있는 것은 물론 꽃차로 만든 꽃잼, 꽃청, 시럽 등
꽃차 관련 제품이 많다.

꽃차를 배우고 즐길 수 있는 곳

••• 그대쉴꽃
모든 차를 꽃차 소믈리에인 주인이 직접 만드는 수제 유기농 꽃차 전문점이다. 꽃차의 효능이 자세히
소개되어있으며, 꽃차를 시향해보고 취향대로 선택할 수 있다.
주소 : 서울시 동대문구 회기로 19길 6
전화번호 : 02-966-0813

••• 오계절 꽃차까페
생화가 들어가는 메뉴와 말린 생화가 들어가는 메뉴, 꽃빙수와 꽃초 음료까지 있다. 꽃차 아티스트 자
격증을 가진 주인장의 원데이 클래스도 열린다.
주소 : 울산 울주군 두동면 박제상로 294-108
전화번호 : 052-258-2859

••• 꽃차가득
100여 종에 달하는 향긋한 수제 꽃차를 6천 원에 무한으로 즐길 수 있는 꽃차 뷔페다. 다양한 꽃차를
경험한 후 나에게 맞는 차를 구입할 수도 있다.
주소 : 전남 여수시 시청동1길 17
전화번호 : 061-683-0277

꽃차를 직접 만들고 싶다면

꽃차의 제다법에는 고온덖음, 저온덖음, 건조, 유념, 찜, 데침, 가향처리 등 다양한 방법이
있다. 꽃마다 특성에 맞는 제다 과정을 거치는데, 같은 꽃이라도 생육 환경에 따라 다른 성
질을 지니므로 꽃의 상태에 따라 한두 가지 이상의 제다 과정을 거치게 된다.

가장 기본이 되는 제다법은 꽃 다듬기 → 덖음 → 저온건조 → 향 매김이다. 가장 중요한 과
정은 깨끗이 씻어 말린 꽃을 덖는 것으로, 덖음이란 꽃이 가진 자체 수분을 이용해 익히고
식히는 것을 반복하는 일련의 과정이다. 꽃의 특성에 따라 고온덖음 또는 저온덖음을 한다.
향 매김은 모든 꽃차 제다법의 마무리 단계이다. 잔여 수분을 제거하면서 숙성을 촉진하는
과정으로 차의 깊은 맛과 향에 영향을 준다.

05

꽃차를
색다르게 즐기는 방법

더 다양하게 즐기는 블렌딩 차

여러 종류의 꽃차를 섞거나 찻잎과 부재료를 섞어 새로운 차를 만들어 마시기도
한다. 이때 꽃차, 허브, 과일, 채소, 향신료, 한방 재료, 착향료 등 식용 가능한 모
든 재료가 쓰이므로 다양한 맛, 새로운 맛의 차를 만들어낼 수 있다. 예를 들어 다
이어트용으로 각광받는 허비스커스에 장미, 계피, 천마 등을 블렌딩해 여성들에
게 더욱더 좋은 차를 만들기도 하고, 녹차, 겨우살이, 박하, 캐모마일 등을 블렌딩
해 바이러스에 좋은 차를 만들기도 한다.

음료 데코로 효과 만점, 꽃얼음

날씨가 더운 여름에는 얼음을 많이 먹기 마련이다. 얼음도 향긋하고 맛있게 만들
수 있다. 바로 꽃얼음이다. 꽃얼음의 재료는 정해져 있지 않다. 어떤 허브나 꽃을
사용해도 괜찮다. 허브차와 꽃차, 우롱차를 우린 물에 꽃차 잎이나 허브 잎을 넣
어 얼음을 만들면 그 자체로 훌륭한 여름 음료가 된다.

요리에 활용하기 좋은 꽃초

일명 플라워비니거라 불리는 꽃초는 서양 식초의 한 종류로 짙은 향과 진한 맛이
느껴진다. 천연발효 양조식초를 베이스로 삼아 꽃으로 꽃초를 만들면, 생수를 섞
어 주스로 마실 수도 있고 다른 재료를 섞어 샐러드드레싱을 만들어도 좋다.

메리골드 비니거 만들기

Ingredient

메리골드꽃차 5g, **설탕·식초** 500mL씩, **레몬 슬라이스** 조금, **로즈메리** 조금

How to make

1   볼에 분량의 식초와 설탕을 넣고 잘 섞어 녹인다.

2   소독한 병에 레몬 슬라이스와 메리골드꽃차, 로즈메리를 넣고 ①의 시럽을 넣는다.

3   냉장 보관하여 숙성시키고, 2주 후에 내용물을 모두 걸러내고 식초만 먹는다.

\#

향기로운
습관,

몸에 좋은 꽃차
20가지

장미꽃차

노화를 막아요

장미꽃차는 여성을 위한 차라고 칭할 만큼 여성에게 좋은 여러 가지 효능을 가지고 있다. 에스트로겐이 풍부해 호르몬 균형 유지에 도움이 되며, 비타민 A와 C가 많아 노화를 예방하고 미백, 주름 개선 등 피부미용에도 좋다. 우울한 기분이 들 때 마시면 신경을 안정시키므로 갱년기 증상으로 고생하는 여성에게 도움이 된다. 품종이 다양해 2만 종이 넘는다.

How to make

끓인 물(100℃) 1컵에 2~3송이를 넣고 5분 정도 우려서 마신다.

목
련
꽃
차

축농증, 비염을 개선해요

나무에서 피는 연꽃이라는 뜻을 가진 목련. 아주 짧은 기간 피었다가 금방 지고 상처
가 나면 쉽게 갈변하는 꽃이어서 하루 정도 상온에 시들게 두었다가 덖어 꽃차를 만
든다. 목련꽃차는 살짝 매콤한 맛이 나는 것이 특징이다. 코 막힘과 축농증, 비염 등
이비인후과 질환에 매우 좋은 천연 치료제가 된다.

How to make

끓인 물(100℃) 1컵에 1송이를 넣고 5분 정도 우려서 마신다.

설국화차

혈기를 돋워요

설국화는 아시아 최장 산맥인 곤륜산맥에서 채취한 야생 국화를 말한다. 추운 날씨를
이겨낼 만큼 생명력이 강해 약용 가치가 뛰어나다고 알려져 있다. 일반 국화차가 은
은한 풀향이 난다면, 설국화차는 좀 더 깊은 향과 시원하면서도 묵직한 약초의 맛이
난다. 혈기를 왕성하게 하고 위장을 편안하게 하며 피로 해소에 좋다.

How to make

끓인 물 1컵을 80℃ 정도로 식힌 후
꽃잎 2~3송이를 띄워 5분 정도 우려서 마신다.

황국화차

마음을 안정시켜요

국화는 종류와 크기가 다양해 여러 제다법을 적용해볼 수 있는 꽃차의 대표주자다.
스트레스로 인한 두통과 현기증에 효과가 있어 마음을 진정시키고 숙면을 유도한다.
열을 내리고 독소를 제거하며 균으로부터 보호하는 작용이 뛰어나 여드름, 피부염,
아토피성 피부염 등에도 도움이 된다.

How to make

끓인 물(100℃) 1컵에 1송이를 넣고 5분 정도 우려서 마신다.
기호에 따라 꿀을 넣어 마셔도 좋다.

메리골드꽃차

눈의 피로를 풀어줘요

독특한 향기가 있는 메리골드는 루테인 성분이 풍부해 눈 관련 건강보조식품의 성분으로 쓰인다. 눈의 피로를 줄이고 안구의 세포를 보호하는 역할을 해 책을 많이 보는 수험생이나 노화로 눈 건강이 나빠진 사람, 컴퓨터나 핸드폰 사용이 잦은 사람들에게 도움이 된다.

How to make

끓인 물(100℃) 1컵에 2~3송이를 넣고 5분 정도 우려서 마신다.

맨드라미꽃차

여성에게 특히 좋아요

맨드라미꽃차는 붉은 색이 진하게 우러나 요리를 할 때 천연 색소로 쓰기도 한다. 배앓이와 설사를 완화하는 데 도움을 주고, 간의 열과 독을 억제해 간 건강이 악화되어 생기는 각종 성인병에 효능을 보이기도 한다. 특히 생리통, 자궁염 등에 좋아 여성 질환을 개선하는 효과가 있다. 단, 성질이 차가우니 배가 찬 사람은 너무 많이 마시지 않는 것이 좋다.

How to make

끓인 물(100℃) 1컵에 2~3송이를 넣고 5분 정도 우려서 마신다.

황매화차

기침, 가래를 가라앉혀요

매화는 추위가 가시기 전, 겨울과 봄 사이에 피어나는 꽃이다. 활짝 핀 꽃보다는 꽃봉오리를 따서 차를 우려 마시는데, 꽃이 피기 직전 꿀벌이 꿀을 가져가기 전의 상태가 꽃차를 만들기 가장 좋기 때문이다. 가슴이 답답하거나 소화가 잘 되지 않는 증상, 목에 이물질이 걸린 것 같은 증상에 도움을 주어 약 복용에 제한이 있는 임산부나 노약자도 안심하고 마실 수 있다. 피부를 맑고 깨끗하게 하고, 기미와 주근깨가 생기는 것을 막는 효과도 있다.

How to make
끓인 물(100℃) 1컵에 2~3송이를 넣고 5분 정도 우려서 마신다.

구절초꽃차

냉한 체질을 따뜻하게 해요

가을에 피는 꽃으로 화려하지 않지만 소박한 멋이 있는 구절초. 따뜻한 성질을 가지고 있어 비장과 위장을 보호하며, 소화가 잘 되게 하고 지방 분해를 돕는다. 체질이 냉한 여성에게 생기는 병증을 완화하는 효과도 있다. 식욕을 촉진해 식전에 가볍게 마시는 차로 좋다.

How to make

끓인 물(100℃) 1컵에 2~3송이를 넣고 5분 정도 우려서 마신다.

인동초꽃차

면역력을 높여요

인동초는 항균과 항바이러스 성질을 가지고 있으며, 바이러스와 병균의 침투를 막아 면역력을 높이는 데 도움을 준다. 또한 해독과 해열 작용이 있어 예로부터 열이 나면 인동초를 달여 먹기도 했다. 머리카락을 튼튼하게 만들고 소염작용을 돕기에 관절염 예방에도 좋다.

How to make

끓인 물(100℃) 1컵에 2~3송이를 넣고 5분 정도 우려서 마신다.
진하게 우려 얼음을 넣어 시원하게 마셔도 좋다.

황화코스모스꽃차

다이어트를 도와줘요

여름부터 가을까지 볼 수 있는 노랑코스모스로 만든 꽃차로 주황색이 난다. 폴리페놀과 플라보노이드가 다량 함유되어있어 항산화작용과 체지방 감소 효과가 좋다. 만성피로를 완화하고 충혈된 눈을 맑게 하는 효과도 있다. 성질이 차서 열을 내리고 독을 풀어준다.

How to make

끓인 물(100℃) 1컵에 2~3송이를 넣고 5분 정도 우려서 마신다. 진하게 우려내 얼음을 넣고 기호에 따라 탄산수를 넣어 아이스티로 즐기기도 한다.

여성 질환에 효과적이에요

홍화는 염료로 쓰일 정도로 색이 노랗게 우러나고 특유의 진한 향미가 느껴지는 꽃차다. 눈이 충혈되었을 때나 결막염 또는 다래끼가 생겼을 때 마시면 염증을 가라앉히는 데 도움이 된다. 특히 폐경, 산후병증, 생리불순 등 여성 질환에 효과적인데, 주로 뭉친 혈을 풀어주는 작용을 하므로 임신 중이거나 생리 중일 때는 삼가야 한다.

How to make

끓인 물(100℃) 1컵에 2~3송이를 넣고 5분 정도 우려서 마신다.
홍화를 설탕에 절여 15일 정도 숙성시킨 홍화청을 뜨거운 물에 타서 마셔도 좋다.

홍
화
차

당아욱꽃차

비타민 A와 C가 풍부해요

제비꽃처럼 보랏빛이 진하고 고운 당아욱꽃은 바닷가에서 자라는 식물로 금규라고
도 부른다. 꽃에 따뜻한 물을 떨어뜨리면 화사한 향이 금세 퍼지고, 꽃잎이 점점 하얘
지면서 찻물은 푸르러진다. 비타민 A와 C가 풍부하고 플라보노이드, 필수지방산, 식
이섬유, 칼륨과 마그네슘도 많다. 당아욱꽃차와 매화차를 섞으면 독특하고 매력적인
블렌딩 꽃차가 된다.

How to make

끓인 물(100℃) 1컵에 2~3송이를 넣고 5분 정도 우려서 마신다. 레몬즙을
넣으면 분홍색으로 바뀌는데 여기에 꿀까지 타서 새콤달콤하게 마셔도 좋다.

아마란스 꽃차

간 기능을 개선해요

영원히 시들지 않는 꽃이라는 어원을 가진 아마란스는 줄맨드라미라고도 불린다. 식물성 스쿠알렌과 라이신 성분이 들어있어 간 기능 개선에 도움을 주며 성인병 예방에 효과가 있다. 식물성 단백질 등 각종 영양소와 식이섬유가 많고 콜레스테롤을 억제하는 기능이 있어 다이어트차로도 손색없다.

How to make

끓인 물(100℃) 1컵에 2~3송이를 넣고 5분 정도 우려서 마신다.

작약꽃차

생리통을 가라앉혀요

작약꽃차는 한약 같은 향이 나기도 하고 팥물의 맛이 나기도 한다. 생리불순, 생리통 등 여성 질환에 효과가 있어 여성들이 마시면 좋은 차다. 위염과 위의 경련성 동통에도 진통 효과가 있다. 작약과 소주를 1:3으로 섞어 작약주를 만들어도 약술이 된다. 단, 성질이 차서 몸이 허하고 냉한 사람이 마시면 소화불량이나 설사 등의 증상이 나타날 수 있으니 주의한다.

How to make

끓인 물(100℃) 1컵에 1송이를 넣고 5분 정도 우려서 마신다.

도라지꽃차

영양 많은 알칼리성 차예요

도라지꽃차는 꽃잎이 벌어지지 않은 봉오리를 덖어 만든다. 차를 우리면 처음에 푸른
빛이 감돌다가 산성을 만나면서 보랏빛으로 변하는 것이 특징이다. 사포닌, 단백질,
칼슘, 철분 등의 영양소가 풍부한 알칼리성으로, 감기와 천식 등 호흡기질환과 기관
지질환에 좋아 미세먼지가 심할 때 마시면 도움이 된다.

How to make

끓인 물(100℃) 1컵에 1송이를 넣고 5분 정도 우려서 마신다.
도라지꽃을 설탕이나 꿀에 재어서 청을 만들어 물에 타서 마셔도 좋다.

소화불량, 위염에 특효예요

만성 소화불량이나 신경성 위염, 위장 장애, 변비, 설사 등에 특효를 보인다. 진정 효과
가 있어 긴장과 스트레스 증상을 완화하는 데도 도움을 준다. 불면증으로 고생하는 사
람이 숙면을 취할 수 있게 도와, 서양에서는 잠들기 전에 마시는 차로 잘 알려져 있다.

How to make

끓인 물(100℃) 1컵에 2~3송이를 넣고 5분 정도 우려서 마신다.

캐모마일 꽃차

팬지꽃차

항염, 신경안정 효과가 있어요

팬지는 색감이 화려하고 꽃잎이 부드러워 샐러드나 비빔밥 등 요리 재료로 쓰는 대표적인 식용 꽃이다. 항산화 성분인 폴리페놀과 플라보노이드 함량이 높아 염증을 가라앉히고, 신경안정에 도움을 준다. 또한 안토시아닌 성분이 풍부해 노화방지와 눈 건강을 지키는 데 효과적이며, 항균과 해독 작용이 뛰어나다. 항암작용과 혈당조절에도 효능이 있다. 채취 시기는 5월에서 8월 사이인데, 갓 핀 꽃을 채취하여 덖은 꽃차가 향이 좋다.

How to make

끓인 물(100℃) 1컵에 2~3송이를 넣고 5분 정도 우려서 마신다.

히
비
스
커
스
꽃
차

디톡스 효과가 탁월해요

식약처에서도 인정한 다이어트 성분인 HCA가 풍부해 인기를 끌고 있는 히비스커스.
이미 생겨버린 체지방의 분해를 돕는 폴리페놀 성분 카테킨과 지방이 흡수되지 않고
배출되도록 돕는 길산 성분이 들어있어 매일 물처럼 마시는 디톡스 워터로도 좋다.

How to make

끓인 물(100℃) 1컵에 2~3송이를 넣고 5분 정도 우려서 마신다.

라벤더꽃차

숙면을 도와줘요

라벤더꽃은 보랏빛 색감만큼이나 향기도 화려한 허브 꽃의 대표주자다. 흥분을 가라 앉히는 진정 효과가 있어 두통, 불면증 등에 도움이 된다. 피부재생 효과도 뛰어나 여 드름, 아토피성 피부염, 피부염증이 있을 때 차로 꾸준히 마시면 좋다.

How to make

끓인 물(100℃) 1컵에 2~3송이를 넣고 5분 정도 우려서 마신다.
라벤더를 진하게 우려 레몬청과 탄산수를 섞어 마시면 독특한 향의
레모네이드를 즐길 수 있다.

재스민꽃차

환절기에 마시면 좋아요

몸을 따뜻하게 하는 성질을 지니고 있어 몸에 쌓여있는 노폐물을 청소하고 독소를 제거하는 효과가 탁월하다. 면역력도 높여 각종 질병을 예방하는 데 도움을 준다. 특히 환절기에 걸리기 쉬운 감기나 기관지염을 치료하는 효능이 있다.

How to make

끓인 물(100℃) 1컵에 2~3송이를 넣고 5분 정도 우려서 마신다.

Editor Note

하루에 커피 몇 잔 드세요?

저는 커피 없이 못 사는 사람이었어요. 진하고 뜨거운 카페라떼 한 잔에 아침잠을 깨고, 차가운 아이스 아메리카노 한 잔 마시고 싶어 입맛이 없어도 꾸역꾸역 점심을 먹었죠. 믹스커피도 여전히 좋아하고, 가끔은 생크림과 초콜릿 시럽을 듬뿍 뿌려 든든하게 속을 채우기도 해요. 그런데 언제부턴가 속이 답답하고 소화가 잘 안 되는 거예요. 병원에 가 봤더니 정확한 병명이 나오더군요.

"역류성 식도염이니 자극적인 음식을 자제하시고 특히 커피, 드시면 안 됩니다!"

"선생님, 전 커피 없으면 못 사는데요."

"평소라면 하루 한두 잔은 괜찮아요. 그런데 속이 답답하고 아프시잖아요. 그럼 이미 병이 시작된 겁니다. 건강해지고 싶으시면 줄이셔야죠."

커피가 힘과 에너지를 주어 집중력도 높이고 경우에 따라서는 마음을 편하게 해 주는 훌륭한 기호품인 것을 부인하지 않겠어요. 굳이 카페인 중독, 카페인 의존증이라는 무서운 말을 써서 커피를 미워하고 싶지는 않아요. 다만, 너무 많이 마시면 우리 몸에 해가 되는 것은 분명합니다.

나도 차 한 잔 마시고 싶어

하루 종일 책상 앞에 앉아서 일해야 하는데 커피도 못 마신다고 생각하니 우울해지더군요. 그래서 커피 대신 마실 수 있는 차 종류를 찾아보기 시작했는데 정말 눈이 번쩍 뜨였어요. 차의 종류도 너무 많고 차마다 효능이 다 있더라고요. 비염이 있으니 평소 구수한 작두콩차를 주전자에 끓여 물처럼 마셔야겠다. 우엉차도 맛있던데 다이어트를 시작해봐야겠어. 요즘 눈이 뻑뻑한데 메리골드차가 향긋하고 좋겠다. 냉장고에 자투리 채소들로 해독채소차도 끓여볼까. 한창 신이 났죠. 그렇게 신나는 차 쇼핑을 마치고 식탁 위에 차 재료들과 티백 제품을 우루루 쏟는데 의외로 가족들이 반깁니다.

"회사에 텀블러 가지고 다니는 동료들이 많아서 부러웠는데, 나도 몸에 좋은 차 좀 마셔볼까? 시원하게 마셔도 되는 차도 있어?"

"공부하다 답답하면 커피 말고 따뜻한 차 마시면 좋겠다고 생각했어. 엄마, 나도 차 마셔볼래."

"엄마~ 다이어트에 차가 좋대. 나 다이어트 중인 거 알지? 밥은 반만 먹고 차 마실래."

평소 여유롭게 티타임 한번 가져본 적 없는 우리 가족. 차 한 잔을 이렇게나 간절하게 원했다니…… 그래, 우리 다 같이 차 한 잔으로 건강 챙겨보자. 더욱 더 결심하게 되었답니다.

차 한 잔으로 온 가족이 행복해집니다

그렇게 지난 겨울을 약차, 꽃차와 함께했습니다. 평소 생수를 사다 먹었는데 이제는 아침마다 2L 주전자에 작두콩차와 현미차를 번갈아가며 끓입니다. 50g 한 봉지씩 사다놓으면 한 달 이상 먹더라고요. 매일 식수로 마시는 생활차도 맛과 향이 다르니까, 같은 차를 계속 마시기보다는 두세 가지 재료를 번갈아 끓이는 게 좋대요. 다음엔 보리차와 연근차를 끓여볼까 하고 있답니다.

고3 수험생이 된 아이가 가장 차를 즐겨 마셔요. 결명자차, 우엉차는 끓여서 냉장고에 넣어두고 시원하게 즐기고, 저녁엔 라벤더, 재스민 등 꽃차를 마십니다. 졸릴 땐 카페인이 살짝 들어있는 차로 주의력을 깨우고, 목이 아플 땐 귤껍질차를 마셔서 목을 개운하게 해주는 등 차박사가 다 되었더라고요. 남편은 그날그날 챙겨주는 대로만 먹었는데 탈모에 좋다며 황칠나무차를 주문했어요. 부지런히 책도 찾아보고 검색에 들어가 봅니다.

내일의 건강은 오늘 우리가 먹고 마시는 작은 일상에 좌우되는 것. 오늘 우리가 마시는 차 한 잔이 지금의 여유와 안정에 도움을 주는 것은 물론 내일의 건강을 지켜준다고 생각하니, 하루하루가 새삼 소중하게 여겨집니다.

Index

그대로 따라하면 엄마가 해주시던 바로 그 맛

한복선의 엄마의 밥상

일상 반찬, 찌개와 국, 별미 요리, 한 그릇 요리, 김치 등 웬만한 요리 레시피는 다 들어있어 기본 요리실력 다지기부터 매일 밥상 차리기까지 이 책 한 권이면 충분하다. 누구든지 그대로 따라 하기만 하면 엄마가 해주시던 바로 그 맛을 낼 수 있다.

한복선 지음 | 312쪽 | 188×245mm | 16,000원

정말 쉽고 맛있는 베이킹 레시피 54

나의 첫 베이킹 수업

기본 빵부터 쿠키, 케이크까지 초보자를 위한 베이킹 레시피 54가지. 바삭한 쿠키와 담백한 스콘, 다양한 머핀과 파운드케이크, 폼 나는 케이크와 타르트, 누구나 좋아하는 인기 빵까지 모두 담겨있다. 베이킹을 처음 시작하는 사람에게 안성맞춤이다.

고상진 지음 | 216쪽 | 188×245mm | 14,000원

매일 밥상에서 챙길 수 있는 건강식 83가지

면역력 키워주는 우리 가족 건강식

집에서 쉽게 만들어 먹을 수 있으면서도 면역력을 키워주는 83가지 음식들을 소개한다. 원기회복에 좋은 전통 건강식, 평소 밥상에서 건강을 챙길 수 있는 간단 건강식, 성인병을 예방하는 저염·저칼로리 건강식, 면역력을 길러주는 약선 차·죽까지 몸에 좋은 레시피로 가득하다.

한복선 지음 | 184쪽 | 188×245mm | 13,000원

천연 효모가 살아있는 건강 빵

천연발효빵

맛있고 몸에 좋은 천연발효빵을 소개한 책. 홈 베이킹을 넘어 건강한 빵을 찾는 웰빙족을 위해 과일, 채소, 곡물 등으로 만드는 천연발효종 20가지와 천연발효종으로 굽는 건강빵 레시피 62가지를 담았다. 천연발효빵 만드는 과정이 한눈에 들어오도록 구성되었다.

고상진 지음 | 200쪽 | 210×275mm | 13,000원

만들어두면 일주일이 든든한

오늘의 밑반찬

누구나 좋아하는 대표 밑반찬 79가지를 담았다. 가장 인기 있는 밑반찬을 골라 수록했기 때문에 반찬을 선택하는 고민을 덜어준다. 또한 79가지 밑반찬을 고기, 해산물·해조류, 채소 등 재료별 파트와 장아찌·피클 파트로 구성하여 쉽게 균형 잡힌 식단을 짤 수 있도록 돕는다.

최승주 지음 | 152쪽 | 188×245mm | 12,000원

부드럽고 달콤하고 향긋한 8×8가지의 슈와 크림

내가 가장 좋아하는 슈크림

누구나 좋아하는 부드러운 슈크림 레시피북. 기본 슈크림부터 화려하고 고급스러운 슈 과자 레시피까지 이 책 한 권에 모두 담았다. 레시피마다 20컷 이상의 자세한 과정사진이 들어가 있어 그대로 따라 하기만 하면 초보자도 향긋하고 부드러운 슈크림을 만들 수 있다.

후쿠다 준코 지음 | 144쪽 | 188×245mm | 13,000원

요알못, 바쁜 직장인, 맞벌이도 쉽게 해먹을 수 있는

대한민국 대표 집밥 레시피 372

경제적이고 풍성한 식탁을 위한 요리책. 일 년 동안 먹을 수 있는 370여 가지 요리가 담겨있다. 월별로 나누어 봄·여름·가을·겨울에 어울리는 제철 식품으로 만든 다양한 요리를 소개한다. 요일별로 아침, 저녁 식단이 있어 반찬 걱정 없이 고른 영양 섭취를 할 수 있다.

손성희 지음 | 288쪽 | 188×245mm | 15,000원

예쁘고, 맛있고, 정성 가득한 나만의 쿠키

Sweet Cookie 스위트 쿠키 50

베이킹이 처음이라면 쿠키부터 시작해보자. 재료를 섞고, 모양내고, 굽기만 하면 끝! 버터 쿠키, 초콜릿 쿠키, 팬시 쿠키, 과일 쿠키, 스파이시 쿠키, 너트 쿠키 등으로 파트를 나눠 예쁘고 맛있고 만들기 쉬운 쿠키 만드는 법 50가지와 응용 레시피를 소개하고 있다.

스테이시 아디만도 지음 | 고상진 감수 | 144쪽
188×245mm | 13,000원

레스토랑에서 인기 많은 이탈리아 가정식

파스타와 샐러드

외식 메뉴로 인기인 파스타와 샐러드, 피자, 리소토 등 다양한 이탈리아 요리를 담았다. 우리 입맛에 잘 맞는 응용 레시피와 정통 이탈리아 레시피를 함께 소개한다. 조리법이 쉬울 뿐 아니라 파스타, 치즈, 허브 등의 재료와 맛내기 방법, 응용 팁까지 친절하게 알려준다.

최승주 지음 | 168쪽 | 188×245mm | 14,000원

따뜻한 식사빵

프렌치토스트와 핫 샌드위치

한 끼 식사로, 간식으로 좋은 프렌치토스트와 핫 샌드위치 64가지를 소개한다. 정통 레시피부터 색다른 맛, 든든한 한 끼, 시판 음식을 이용한 레시피까지 간단하고 맛있는 메뉴가 가득하다. 토핑과 속재료가 한눈에 들어와 누구나 쉽게 만들 수 있다.

미나구치 나호코 지음 | 112쪽 | 180×230mm | 12,000원

유익한 정보와 다양한 이벤트가 있는
리스컴 블로그로 놀러 오세요!

홈페이지 www.leescom.com
블로그 blog.naver.com/leescomm
인스타그램 instagram.com/leescom

건강한 약차
향긋한 꽃차

오늘도 차를 마십니다

감수 | 김달래
꽃차 자문 | 이정분(들뫼순)
진행 | 김홍미
사진 | 허광(치즈 스튜디오) 어시스트 yenny
스타일링 | 장연정(장스타일) 어시스트 조유경

제품협찬 | (주)휴롬

편집 | 김연주 강지예
디자인 | 김미언
마케팅 | 김종선 이진목
경영관리 | 서민주

인쇄 | 금강인쇄

초판 1쇄 | 2021년 4월 28일
초판 2쇄 | 2021년 6월 28일

펴낸이 | 이진희
펴낸곳 | (주)리스컴

주소 | 서울시 강남구 밤고개로 1길 10, 수서현대벤처빌 1427호
전화번호 | 대표번호 02-540-5192
　　　　　　영업부 02-540-5193
　　　　　　편집부 02-544-5922 / 544-5933
FAX | 02-540-5194
등록번호 | 제2-3348

ISBN 979-11-5616-208-7 13590
책값은 뒤표지에 있습니다.